나를 돌보는 다정한 시간

10인의 엄마에게 듣는
나를 사랑하는 이야기

우디앤마마

차례

들어가며 04

이소영

오늘치 나다움을 채우려 노력합니다 08
나를 움직이게 하는 셀프 코칭 대화 팁 19

박연주

반복되는 일과에서 일부러라도 틈, 쉼표를 찾아요 26
내가 좋아하는 서울 도보 여행 37

이지영

살기 위해 숲이 우거진 산으로 걸어 들어갔습니다 42
내 건강을 돌보는 '튼튼수프 레시피' 53

임순미

둔하고 느리지만 행함이 있는 나만의 촉수를 사랑합니다 58
지속 가능한 삶을 위한 근력 69

황규리

매 순간 삶의 여정에 탄탄한 징검다리를 놓고 있습니다	76
나의 비건 이야기 & 비건 떡볶이와 샐러드 레시피	88

이승연

내 취향을 발견하고 누릴 때야말로 가장 나다운 시간입니다	94
엄마들의 도서관 활용법	107

안수희

무의식에 나를 인정하고 격려하는 말을 저장해둬요	112
버츄퍼실레이터가 소개하는 나를 돌아보는 질문	123

서현정

마음으로 듣습니다	128
나에게 집중하는 시간, 그림책 하브루타	140

서정금

이제는 뛰지 않고 걸으려 합니다	146
나를 일으킨 제주, 그리고 글쓰기	156

이지안

주어진 시간에 내가 할 수 있는 만큼 최선을 다합니다	162
감정 일기 쓰기를 권합니다	175

그동안 어떻게 지내셨나요 — 182

들어가며

전업주부로 7년의 시간을 보내고 작년부터 집에서 일을 시작했습니다. 네이버 카페 '언니공동체'에서 소모임 언니들에게 제가 기획한 다이어리를 판매하면서부터입니다. 주문을 한 언니들에게 보낼 택배를 포장하던 밤을 또렷하게 기억합니다. 절로 엉덩이가 들썩이며 신바람이 났습니다. 오래간만에 무언가를 한다는 것이 기뻤습니다. 그때를 시작으로 일이 조금씩 늘어났습니다.

아이러니하게도 저는 항상 반대편을 그리워합니다. 전업주부로 살 때는 멋지게 일하는 워킹맘의 삶을, 요즘처럼 바쁠 때는 오롯이 가족에게 충실할 수 있는 전업주부의 삶을 말입니다. 하루하루가 기우뚱거리는 시소 같다고 해야 할까요? 그 어느 쪽도 삶의 균형을 맞추기란 쉽지 않다는 것을 깨닫습니다.

이 책은 저의 작은 궁금증에서 시작했습니다. '다른 엄마들은 하루를 어떻게 보낼까?'

그 해답을 찾기 위해서 언니공동체의 언니들에게 물어보고 싶었습니다. 여기에 멋진 인생 선배가 진짜 많거든요. 이 언니들의 하루를 살펴보면 위안을 얻거나 살아가는 방법에 대한 힌트를 얻을 수 있을 것 같았습니다.

사실 처음에는 엄마로, 아내로, 자기 자신으로 하루를 완벽하게 보내고 있는 언니를 찾고 싶었습니다. 그런데 그런 사람은 없었습니다. 아마 있다 한들 저도, 그리고 이 책을 읽는 독자도 따라 할 수 없는 하루일 것입니다. 우리에게 필요한 것은 완벽한 슈퍼우먼이 되는 것이 아니라 잠시라도 숨을 고르고 나를 돌보는 시간이 아닐까요? 내 아이에게 하듯 "괜찮다", "잘하고 있다" 스스로를 응원하고, 좋아하는 것을 먹고, 피곤하면 쉬는, 나를 돌보는 시간. 사실 저도 이 책에 등장하는 10명의 저자에게 배웠습니다.

이 책에는 이름만 들으면 알 만한 유명인은 없습니다. 우리 집 옆 동에 사는 동네 친구일 수도, 내 아이 친구의 엄마일 수도 있는 그런 사람들의 이야기입니다. 하지만 그들의 이야기에는 따뜻한 위안과 격려가 깃들어 있습니다. 무엇보다도 책을 다 읽고 나면 나 또한 나를 잘 돌보고 싶은 마음이 생길 겁니다. 내가 무엇을 좋아하고, 무엇을 할 때 행복한지, 그리고 나만의 삶의 균형을 잡는 방법을 책을 읽으며 함께 발견하길 바랍니다.

네츄럴마마 유지연

10인의 엄마에게 듣는
나를 사랑하는 이야기

오늘치
나다움을
채우려
노력합니다

이소영

마흔이 넘으면 반짝이는 눈빛이 조금은 사그라들 줄 알았건만 '나는 누구인가?'라는 질문 속에서 더욱 왕성한 호기심쟁이가 되어갑니다. 우연히 들어선 교육의 길이 적성에 맞아 스스로 '교육 콘텐츠 기획가'라 이름 붙이고 대안 교육과 공교육을 오가며 쭉 걷고 있어요. 자연 속에서 산책하는 시간을 좋아합니다.

가족 구성

나(41세), 남편(49세), 아들(8세), 딸(6세)

사는 곳

경기도 양평군

일과표

6시 30분	기상, 아침 루틴
7시 30분	출근 준비, 아이들 기상, 아침 식사
8시 25분	아이들 등원·등교
8시 40분	출근
9시	업무 시작
12시 30분	점심 식사 후 30분 독서
15시	퇴근 후 아이들 픽업
16시	아이들과 함께 놀기
18시	저녁 식사
20시 30분	아이들 취침
21시	나만의 시간
23시 30분	취침

하루 동안 꼭 해야 하는 나만의 루틴이 있나요?

하루를 기록하는 것으로 시작합니다. 다이어리 작성하는 걸 좋아해서 1년에 수첩 몇 권을 쟁여놓을 정도예요. 김미경 강사가 소개한 기록하는 방법을 따라 '내 삶의 하이라이트', '하루 습관', '오늘 할 일', '감사할 부분'으로 나누어 쓰고 있어요. 방향성을 짚어주는 이 방법이 참 좋은 것 같아요. 오늘 할 일 목록에서 다 한 부분을 색연필로 하나씩 칠할 때면 하루를 성실히 보낸 것 같아 뿌듯해요.

일과 중 틈틈이 챙기는 것은 '제때 정리하기'예요. 밥 먹고 씻고 잠자는데 필요한 최소한의 집안일을 하되, 머리카락 한 올 없이 반짝반짝 쓸고 닦지는 않아요. 대청소는 일주일에 한 번, 쉬는 일요일에 합니다. 대신 물건들을 곧잘 제자리에 놓아 두어요. 주변이 깨끗하면 제 마음도 깨끗해지는 것 같거든요.

주기적으로 이어지는 루틴도 있어요. 코로나19 이후 오히려 참여할 수 있는 온라인 수업이 다양해져서 새로운 배움을 펼쳐가고 있어요. 글쓰기 수업, 그림 그리는 프로젝트, 경제 관련 강의, 유튜브 배우기…. 최근에는 '엄마표 영어' 프로젝트에 참여했는데 매일 아이들에게 영어 그림책을 읽어주고 인증을 했어요. 큰 부담 없이 할 수 있는 만큼 가볍고 즐겁게 배우고 있습니다.

온라인으로 참여하는 강의는 어떻게 찾아서 수강하나요?

 예전부터 일상을 기록하고 싶었는데 '내가 글을 써도 될까?' 내부 검열 때문에 실행하지 못하고 있었어요. 육아 멘토인 오소희 작가를 만난 것을 계기로 '진짜 하고 싶은 것은 바로 하자!' 결심하게 되었답니다. 일주일에 3~4편, 3년 가까이 블로그에 글을 썼어요. 차츰 블로그 이웃이 늘어나 가치관이 비슷한 분들과 소통하게 되더라고요. 강의 정보는 이웃이 공유한 글들을 통해 자연스럽게 접하고 있습니다.

 듣고 싶었던 주제의 강의를 누군가 열기도 했고, 강의 후기를 기록한 포스팅을 따라가 연락을 취하기도 했어요. 즉각 실행하지 않으면 바쁘게 사느라 놓치기 쉬우니 이거다 싶으면 그 자리에서 댓글을 남기거나 바로 신청하는 편입니다. 유료 강의도 많이 들었지만 원데이로 재능 기부하는 온라인 특강도 잘 활용했어요. 마치 다음 순서가 정해져 있는 것처럼 저에게 필요한 강의가 선물같이 열려 참 신비로운 온라인 세상에 살고 있구나 놀라고 있답니다.

 SNS를 통해 나를 기록하다 보면 마음이 통하는 온라인 이웃을 만나게 될 거예요. 그러다 보면 자연스럽게 관심이 가는 강의 소식도 접할 거라고 생각합니다. 참고로 요즘은 지역 도서관이나 관공서에서도 온라인 수업을 많이 진행하더라고요. 관련 홈페이지를

'진짜 하고 싶은 것은 바로 하자!'는 결심이 나를 변화시켰어요.

수시로 방문하는 것도 좋은 방법입니다.

지금 같은 루틴이 자리 잡기 전에는 하루를 어떻게 보냈나요?
그리고 어떤 계기로 변하게 되었나요?

아이를 낳고 보니 결혼 생활은 '준비, 땅~' 하고 시작하면 멈출 수 없는 최소 20년짜리 오래달리기더라고요. 나만 바라보는 아이의 순진한 눈망울에 생애 처음 묵직한 책임감을 느꼈지요. 주변 도움 없이 남편과 둘이서 아이를 키워야 했기에 숨 고르기가 더욱 필요했습니다. 그때부터 어떻게든 '나만의 시간'을 챙기기 시작한 것 같아요.

육아하며 시간을 확보하기 위해서는 융통성이 필요했어요. 아이가 새벽에 잘 자면 새벽에 일어났고, 엄마를 찾으며 칭얼대면 밤 시간을 확보해 산책, 108배, 요가, 독서, 필사, 예술 작업 등을 했어요. 다행히 같은 지역에 성장을 원하는 엄마들의 모임이 있어서 함께 나아갈 수 있었어요. 일을 쉬고 전업주부로 지낸 만 5년을 나만의 시간과 모임을 통해 꾸준히 트레이닝하다 보니 아이도, 저도 훌쩍 자라 있었어요. 다시 직장을 다니며 일과 육아를 그럭저럭 무리 없이 병행할 수 있는 것은 그 시간이 축적된 덕분입니다.

스무 살 때 MBTI 검사를 했었는데 전형적인 ENFP였고, 주기적으로 다시 검사해도 언제나 이 유형이 나왔어요. 특히 P(Perceiving) 성향이 극단에 치우쳐 있어 즉흥적이고 계획성은 낮은 편이었어요. 출산과 육아에 몸을 푹 담그고 최근에 다시 검사해보았는데 세상에, ENFJ로 나온 거예요! '분명한 목적과 방향, 철저한 사전 계획과 체계적'이라는 의미의 Judging이 나오다니요! 아이 키우며 나만의 시간을 꾸준히 가진 습관 덕분일까요? 긴 육아기가 준 선물 같아 기분이 좋았습니다.

하루를 잘 지냈다는 나만의 기준이 있나요?

발도르프 교육의 창시자 루돌프 슈타이너는 인간을 구성하고 있는 세 가지 요소를 몸, 마음, 사고라고 했습니다. 이 세 가지의 조화를 위해서 '운동', '글쓰기', '독서'를 챙기려고 노력합니다. 운동으로 몸을 챙기고, 글을 쓰면서 마음을 살펴보고, 새로운 상상과 아이디어를 위해 책을 읽으며 하루를 보내려고 해요. 엄마인 우리는 온전히 쓸 수 있는 개인 시간이 많지 않기에 작은 습관의 힘이 중요하다고 생각합니다. 그래서 30분간 책 읽고, 일기 몇 줄 쓰고, 비록 10분밖에 하지 못하는 스트레칭이라도 놓치지 않으며 오늘치 '나다움'을 채우려 노력합니다. 그렇게 보낸 하루가 모여 반짝반짝 빛나는 인생이 되는 것 같아요.

일상에서 기쁨을 느끼는 순간은 언제인가요?

아이들이 잠들고 밤 9시가 되면 나만의 시간을 고이 펼칩니다. 아침부터 저녁까지 열심히 달려온 여러 배역의 역할을 끝내고 내가 그저 나로 존재하는 시간이죠. 차 한잔 끓여 편안하게 앉아 책을 읽거나 글을 쓰고, 친구에게 안부를 묻고, 온라인에서 지인들을 만나 소통하기도 해요. 가끔은 재봉틀로 에코백을 만들고, 물감을 꺼내 그림도 그려요. 이따금 마시는 시원한 맥주와 달달한 안주는 밤의 감성을 한껏 끌어올려 주지요. 꿀맛 같은 시간, 야금야금 아껴 쓰고 있답니다.

힘들고 지칠 때 어떻게 리프레시하나요?
혹은 힘든 하루를 무사히 넘기는 나만의 방법이 있나요?

힘들고 지칠 때는 '회복의 루틴'이 돌아가요. 호기심이 많은 편이라 일 벌이는 것을 좋아하는데, 에너지 분배는 어려워 몸에서 가끔 신호를 보내요. 그때는 부족한 부분을 채워줍니다. 무리해서 진행하던 일과 약속을 내려놓고, 대충 먹던 끼니를 건강하게 차려 먹고, 기상 시간도 신경 쓰지 않고 잠을 푹 자요. 그리고 운동에 집중합니다. 특히 산책을 많이 하려고 해요. 아무것도 하지 않아도 괜찮을 용기, 비울 수 있는 마음의 자세를 일깨우며 걷습니다.

제가 사는 곳은 서울에서 주말여행으로 많이 오는 양평이라 산책할 수 있는 아름다운 장소가 많은 편이에요. 10년 가까이 양평에 살다 보니 혼자 걷기 좋은 길, 전망이 예쁜 장소, 아이와 함께 가기 좋은 곳을 잘 알아요. 초록이 주는 행복과 위로는 생각보다 크답니다. 휴대전화를 내려놓고 30분만 자연 속을 찬찬히 거닐어도 내가 원래 살고자 했던 조화로운 삶에 닿을 수 있어요.

일과 살림, 육아를 모두 다 잘하기가 쉽지 않더라고요. 균형을 잘 잡기 위한 비결이 있나요?

늘 흔들리며 살아갑니다. 이 정도면 괜찮게 지낸다고 만족했다가 땅속으로 꺼질 것처럼 다 의미 없다고 느껴질 때가 찾아와요. 누군가 인간은 열정기와 권태기 그리고 성숙기를 거치며 성장한다 했는데 정말 그런 것 같아요. 그 와중에 일과 살림, 육아를 병행할 수 있었던 비결은 우선순위를 점검하고 삶에 변화를 주는 활동 덕분이에요. 몇 해 전 '라이프 코칭'에 관심이 생겨 전문 코치 과정을 수료했거든요.

코칭은 복잡한 감정과 생각을 스스로 명료하게 정리하도록 도와주는 대화 방식이라고 할 수 있습니다. 한 달에 두세 번 동료 코치님과 서로의 삶을 코칭해주는 시간을 가지고 있는데, 30분이라도 코칭 대화를 하고 나면 지금 상황을 알아차리고 좀 더 나다운 모습의 뿌리에 닿아 다음 액션을 할 수 있는 힘이 생기더라고요. 코칭을 통해 그때그때 균형을 잡아가며 살아가고 있습니다.

참! 집안일에 목숨 걸지 않는다는 굵직한 룰도 세웠어요. 대청소는 일요일에만, 뒹구는 머리카락은 무선 청소기로 휘리릭, 아침 식사는 간단하게, 설거지하기 귀찮은 날엔 식기세척기 돌리기, 빨래는 대충! 남녀 가사 노동이 평등하지 않은 사회에서 그나마 남편이 6시에 퇴근해 집안일을 같이 하고 아이들을 함께 돌봐서 그럭저럭 균형을 유지하며 살아갈 수 있는 것 같아요.

이루고 싶은 목표나 꿈이 있나요?

아담한 농막 하나 짓고 꽃 가꾸고 푸성귀 일구어 좋은 사람들과 차 한잔, 음식 한 접시 나누며 살고 싶어요. 읽고 싶은 책 마음껏 읽고, 좋아하는 글 편하게 쓰고, 적당히 몸도 움직이면서요. 충분히 쉬며 나를 돌보고 우리를 보듬는 장소가 되면 좋겠어요. '에코 힐링 센터'라고 이미 이름은 지어놓았는데, 차 한잔 향긋하게 우려놓을 테니 훗날 놀러 오세요.

나를 움직이게 하는
셀프 코칭 대화 팁

블로그 blog.naver.com/ecosoyou
인스타그램 @eco_soyou

복잡미묘한 생각의 늪에서 매번 새로운 이슈가 일어나는 인생. 남 이야기는 한발 떨어져 객관화해서 바라볼 수 있지만 내 문제는 생각이 꼬리에 꼬리를 물고 어찌나 늘어지는지요. 엉켜 있는 실뭉치 같은 고민이 있다 해도 사실 인간이 컨트롤할 수 있는 것은 두 가지에 불과하다고 해요. 내적자각과 외적행동.

라이프 코칭은 모든 사람에게 무한한 가능성이 있고, 그에게 필요한 해답도 그 사람 내부에 있다고 보며, 적절한 질문과 경청을 통해 답을 찾을 수 있도록 도와주는 파트너(코치)를 필요로 합니다.

우연히 받아본 라이프 코칭으로 육아와 진로에 대한 막연한 고민이 질서정연하게 정리되는 경험을 하고 나서 코칭에 관심을 갖게 되었어요. 전문 과정을 이수하고 현재 한국코치협회 인증코치로도 활동하고 있습니다.

매번 전문 코치와 대화하기 어려운 엄마를 위해 가장 많이 사용하고 있는 GROW* 코칭 대화 모델을 소개합니다.

---

* GROW 코칭 대화 모델: 목표(Goal)와 현재(Reality)라는 2개의 기둥을 인식하면 차이를 자각하게 되고 대안(Options)을 찾아 실행(Will)한다.

GROW 코칭 대화 모델

G
목표(Goal)

"정말 원하는 것은 무엇입니까?"

R
현재(Reality)

"현재 상황은 어떠한가요?"

목표(Goal)와 현재(Reality) 사이에 무엇이 발목을 잡나요?

W
실행(Will)

"오늘 당장 무엇을 하겠어요?"

O
대안(Options)

"어떤 방법이 있을까요?"

1. 편안한 공간과 시간을 확보하고 빈 종이와 펜을 꺼내세요.

종이를 가로와 세로로 접어 4등분하고 각 칸에 G, R, O, W라고 씁니다. 눈을 감고 심호흡을 세 번 합니다. 나는 무한한 가능성을 가졌고 온전한 존재라고 스스로에게 말해줍니다.

2. G(목표)를 채워보세요. "정말 원하는 것은 무엇입니까?"

지금 이루고자 하는 목표는 무엇인가? 이 목표는 누구를 위한 것인가? 어떤 결과를 기대하는가? 이 목표의 어떤 점이 나에게 중요한가? 정말 내가 원하는 목표인가? (눈을 감고) 이 목표를 생각하는 나는 어떤 사람인가?

예) 운동을 하고 싶은데 자꾸 안 하게 된다. 활력이 넘치는 삶을 원한다. 나는 스스로 충만해지고 그 에너지를 나누고 싶은 사람이기 때문이다. 고로 내가 원하는 목표는 활력 넘치는 일상을 위해 운동 실천하기!

3. R(현재)를 채워보세요. "현재 상황은 어떠한가요?"

목표와 관련된 현재 내 상태는? 지금 나는 어떻게 하고 있나? 지금까지 고민해본 것이나 시도해본 것은?

예) 요가 클래스를 등록했지만 저녁에 시간을 내기 어려워 **빠질 때가 많다**. 새벽에는 비염이 심해서 수업을 위해 마스크 끼고 요가를 하기에는 무리다. 또한 밀폐된 공간에서 하는 운동이 지금 상황과 잘 맞지 않다. 산책을 하긴 하는데 걷기만으로는 아쉬움이 남는다.

4. G와 R를 보면서 차이를 자각해봅니다. "무엇이 발목을 잡나요?"

장애물은 무엇인가? 무엇이 나를 멈추게 하나? 현재 컨트롤이 잘 안 되는 것은 무엇인가?

예) '활력 있는 삶'이 목표라고 했을 때 굳이 요가만 고집할 필요는 없다고 자각했다. 시간이 없다고 해도 짬을 낼 수 있으니 땀 흘려 할 수 있는 여러 가지를 시도해보면 되겠구나 싶다.

5. O(대안)을 채워보세요. "어떤 방법이 있을까요?"

목표를 이루기 위한 방법 세 가지는? 한 번도 해보지 않은 방법 중 가능성이 있는 대안은? 각 대안의 장단점은? 이 대안 중 가장 중요한 것은? 어떻게 장애물을 극복할까?

예) **· 새벽에 강변 달리기와 걷기 병행:** 전에 해보았는데 참 상쾌하고 좋았음. 땀을 흘려야 제대로 운동했다 느끼기에 달리기를 꼭 하기.

- **점심 먹고 온라인 요가:** 점심을 빨리 먹으면 30분 정도 시간이 나는데, 그 시간 동안 온라인 영상 보면서 요가하기.
- **20분 단위의 짧은 운동:** 유튜브에서 약 20분짜리 운동 영상 따라 하며 기분 좋을 만큼 땀 흘리기.

6. W(실행)를 채워보세요. "오늘 당장 무엇을 하겠어요?"

여러 가지 대안 중에서 무엇을 먼저 시작할까? 그 대안을 실행하기 위해 이번 주에 무엇을 할까? 실행하기 위해 필요한 자원은? 무엇을, 어디서, 언제부터 언제까지, 어떻게 할 것인가? 실행을 위해 스스로 다짐하는 말을 한다면?

예) 당장할 수 있는 것은 20분 단위의 짧은 운동이다. 오늘 당장 시작할 수도 있으니까. 아이들 재워놓고 나만의 시간을 보낼 때 동영상 보며 운동하는 것으로 시작하자. 유튜버 '빅씨스' 영상 중에서 골라 바로 실행하기. "나는 활력 있는 삶을 원하는 사람이다. 하루 20분 운동을 함으로써 기운차게 살아갈 것이다!"

네 칸을 채우고 난 후의 느낌이나 새롭게 인식한 것은 무엇인가요? 아마 시작할 때보다 리프레시된 기분이 느껴질 것입니다. 내 안에 답이 있고 나는 무한한 가능성을 가진 온전한 존재라는 사실을 다시 한번 인식하면서 지금 여기에서 할 수 있는 것을 'small step'으로 시작해보세요. 진심으로 응원합니다.

나는 무한한 가능성을 가진 온전한 존재입니다.

§ 참고 자료: 〈코칭의 정석〉_이동운 저 / 〈마음챙김코칭〉_리즈 홀 저

반복되는 일과에서 일부러라도
틈, 쉼표를 찾아요

박연주

식탁에 음식을 차려 낼 때도 있지만 주로 식탁에서 책을 보거나 글 쓰는 것을 좋아합니다. 10년 차 직장인으로 대만 회사에서 커뮤니케이션 업무를 하고 있습니다. 7년 차 엄마로 아이와 함께 일상의 쉼표, 느낌표, 물음표를 수집합니다.

가족 구성

나(39세), 남편(42세), 아들(7세)

사는 곳

경기도 화성시

일과표

시간	내용
7시	기상 후 반신욕
7시 40분	휴식(명상)
8시	아이 기상 후 아침 식사, 등원 준비
8시 40분	아이 등원 후 출근
10시	업무 시작
16시 40분	퇴근길 버스 안에서 휴식 및 취미 생활
18시	나 먼저 저녁 식사
18시 30분	아이 하원
19시	가족 저녁 식사, 아이와 함께 저녁 일과
21시 30분	취침 준비, 아이와 책 읽고 이야기하며 취침

하루 동안 꼭 해야 하는 나만의 루틴이 있나요?

목욕하는 것을 좋아해서 아침에 주로 반신욕을 해요. 욕조에 따뜻한 물을 받아놓고 몸을 푹 담그고 하루를 시작하면 잠들었던 감각이 깨어나는 느낌입니다. 시간이 넉넉한 주말에는 반신욕을 하면서 책을 읽어요. 편백나무 향기가 솔솔 나는 욕조 덮개와 새로운 세계로 이끄는 책 한 권이 반신욕 시간을 더욱 풍요롭게 해줍니다.

아이를 깨우기 전 거실에 깔아둔 요가 매트에 누워 잠시라도 명상을 하려고 합니다. 오늘 하루도 내 호흡을 잃지 않고 지내자며 격려하는 기분으로 가만히 숨소리에 5분 정도 집중합니다.

명상이 내 호흡에 귀 기울이겠다는 다짐이라면 글쓰기는 내 목소리를 들어주는 시간이에요. 블로그에 주로 일상을 기록한 글을 남기는데 순간순간 단상이 떠오르면 임시 저장 기능으로 메모를 해요. 그 기록을 이어 문장으로 엮으면 내가 어떤 사람인지 더듬더듬 알아가게 되는 것 같아요.

출근하기 전까지 여유로워 보여요.

줄곧 혼자 깨어 있는 심야 시간을 좋아했어요. 그런데 아이를 재우고 거실에 나와 하고 싶은 것을 하다 늦은 밤에 자면 아침에 일어나기가 너무 힘들더라고요. 정신없이 일어나 아이를 챙기는 것도 버거웠고요. 올해 아이가 유치원에 다니면서 함께 일찍 자고 일찍 일어나는 규칙적인 생활을 하기 시작했어요.

밤 10시가 되기 전 아이와 함께 저도 잘 준비를 합니다. 원래는 자기 전에 씻었는데, 기상 후 처음으로 하는 일과로 바꿨어요. 반신욕을 좋아하기도 하고 출근과 외출을 위해 꼭 해야 하는 일을 일과 중 첫 번째 루틴으로 옮기니 기상하기가 수월해졌어요. 아이를 깨워 등원 준비를 하고 집을 나서는 시간이 길지는 않은데 꽤 많은 에너지가 필요하더라고요. 필요한 몸과 마음의 에너지를 채우기 위해 매일 아침 잠시나마 요가 매트에 누워 고요한 시간을 갖게 되었어요.

유치원 등원 전 아이와 평화롭게 시간을 보내나요?

아이를 유치원에 보내고 곧장 출근해야 해서 아침 시간이 여유롭지 못해요. 그래서 준비 시간을 줄이기 위해 아침밥은 주로 즐겨 이용하는 온라인 숍에서 죽을 주문해 먹습니다. 일과 육아를 병행하면서 시간, 체력의 한계에 자주 맞닥뜨렸어요. 요즘은 완벽하게 잘하려고 하기보다 한계를 인정하면서 이 정도면 잘하고 있다고 스스로 응원하고 있어요.

아이는 주로 TV를 보면서 아침밥을 먹고 옷을 입어요. 기분 좋게 TV를 끄고 집을 나설 때도 있지만 아닐 때도 많아요. "엄마 늦겠다"라며 아이를 재촉할 때면 마음이 시큰해지기도 해요. 등원 전 제 마음은 주로 평화와는 거리가 먼 것 같아요. 아이의 자율성보다 시간 효율에 따라 움직이는 일과가 고민스럽기도 하고요. 그럼에도 불구하고 지금 상황에서 아이와 함께 호흡을 맞추는 방법을 배워가고 있다고 생각합니다.

하루를 잘 지냈다는 나만의 기준이 있나요?

감정의 진폭이 큰 편이라 작은 일에도 하루가 망한 것 같고 주저앉고 싶은 순간이 많아요. 그래서 스스로를 다독이는 데 많은 시간과 에너지를 씁니다. 자려고 누우면 오늘 하루도 포기하지 않고 살아낸 내가 대견하다는 생각이 들어요. 작은 걱정거리는 끝없이 있지만 그것을 압도하는 큰 걱정거리가 없었다는 것도 감사해요. 자려고 누웠을 때 적당히 피곤해서 바로 잠들 것 같고 내일 아침이 두렵지 않게 느껴지면 오늘도 꽤 괜찮은 하루였구나 싶어요.

가족, 동료와 잘 지내기 위해서는 혼자만의 충전 시간이 필요합니다.

일상에서 기쁨을 느끼는 순간은 언제인가요?

　일상의 기쁨은 감각을 생생하게 느끼는 데서 오는 편입니다. 아침에 아이 손을 잡고 유치원에 갈 때 웃으면서 이야기하는 시간이 좋아요. 등원길에 함께 걸으면서 계절과 풍경의 변화도 관찰하고요. 아침에 보면 저녁에나 다시 볼 수 있기 때문에 서로의 하루를 응원하는 마음에서 더 많이 아이와 껴안고 웃으려고 해요. 저녁에 남편이 퇴근해 집에 돌아오면 가족 모두 껴안는 시간을 가져요. 고된 하루를 보내고 함께 온기를 나누면 포근한 마음이 가득합니다.

가족, 동료와 잘 지내기 위해서는 혼자 충전하는 시간이 꼭 필요해요. 엄마로서, 직장인으로서 하루 종일 역할이 있는 가운데 오롯이 혼자 보내는 점심시간이 정말 소중합니다. 먹고 싶었던 맛있는 음식을 사 먹기도 하고요. 밥을 간단히 먹고 남는 시간에 회사 근처 덕수궁, 청계천 등의 거리를 걷기도 합니다.

경기도 집과 서울에 있는 회사가 너무 멀어 지치기도 하지만 서울의 좋아하는 길을 걷다 보면 여행하는 것 같기도 하고 출근하길 잘했다는 생각이 들어요. 회사 근처에 있는 서울도서관에서 책을 빌려 읽는 것도 기쁨이에요. 예약 신청한 책이 도착했다는 메시지를 받으면 웃음이 나요.

꽤 거리가 있는 출퇴근 시간을 어떻게 보내나요?

출퇴근에 걸리는 시간이 왕복 2시간 이상이라 힘들기도 하지만 집과 회사를 이어주는 길 위에서 하고 싶은 것을 할 수 있어요. 굳이 틈을 내지 않아도 고정적으로 확보되는 내 시간이니까요.

출근 버스가 회사와 가까워지면 중국어로 된 명상 영상을 주로 들어요. 회사에서는 중국어를 주로 써서 중국어 명상을 들으며 준비운동 같은 시간을 가져요. 직장인에서 다시 엄마로 역할이 바뀌기 전 휴식 시간도 퇴근길에 챙길 수 있어요. 퇴근 버스에서는 좋아하는 콘텐츠를 보거나 블로그에 글을 쓰기도 하고, 그냥 멍하니 창밖 풍경을 보다 잠을 자기도 합니다.

주말은 어떻게 보내나요?

주말에는 가족들이 다 함께 시간을 보내야 한다고 생각한 적이 있어요. 평일에도 아이와 함께하는 시간이 많지 않으니 주말에는 셋이서 쭉 시간을 보냈죠. 그런데 그 귀중한 시간에 제가 화를 많이 내고 있더라고요. 엄마, 주부로서 집에서 해야 할 일이 쌓여 있으니 주말에도 마음 편하게 쉴 수 없었던 것 같아요. 살림, 육아에 나보다 무관심해 보이는 남편한테 불만도 많이 생기고요.

그러다 우연히 주말 아침에 온라인 강의를 듣게 되었어요. 검사 검사 운동도 해야겠다는 생각으로 강의를 들으면서 혼자 달리는데 굉장히 상쾌하더라고요. 좋아하는 카페에 들러 커피도 한잔 마시고요. 이렇게 주말 아침 두 시간 정도 혼자만의 시간을 보내고 집으로 돌아가니 충족감이 느껴서인지 아이, 남편에게 화내는 횟수가 줄더라고요.

그 이후로는 달리기, 자전거 타기 등 주말 아침에 혼자 나가는 기회를 만들어요. 그때 남편과 아이도 둘만의 시간을 갖고요. 남편도 아이와 둘이 있을 때 살림과 육아를 더 주도적으로 하는 것 같아요. 평일에 아내 쪽으로 기울어진 살림과 육아를 주말에라도 남편이 맡아 균형을 맞추는 가족 문화가 필요하다 생각해요. 셋이 다시 모여서 밥을 해 먹거나 외식을 하고 청소와 분리수거를 하며 한 주를 마무리하는 일상이 이제 자리 잡혔습니다.

힘들고 지칠 때 어떻게 리프레시하나요? 혹은 힘든 하루를 무사히 넘기는 나만의 방법이 있나요?

내가 텅 비어버린 느낌이 드는데 집과 회사에서 예상치 못한 요구를 불쑥 하면 폭발하게 되더라고요. 그래서 내가 좋아하는 방식으로 에너지를 채우는 시간을 가져요. 저는 여러 사람과 있을 때 에너지를 얻기보다 혼자 자유 시간을 갖고 나면 충전이 되더라고요. 남편에게 아이를 맡길 수 있는 날은 퇴근 후 곧장 집에 가지 않고 짧더라도 혼자 서울을 여행하는 시간을 가져요. 그리고 그 느낌을 잊지 않기 위해 글과 사진으로 기록해요. 반복되는 일과에서 일부러라도 틈, 쉼표를 찾아야 느낌표와 물음표가 생기더라고요. 그런 잠깐의 일탈이 감각을 살아나게 만드는 것 같아요.

이루고 싶은 꿈 혹은 닿고 싶은 행복이 있나요?

예전에는 발을 딛고 있는 현실보다 다른 곳에 시선이 주로 가 있었어요. 가고 싶은 목적지와 되고 싶은 모습만 생각하고 오히려 현재의 일상을 가꾸는 것은 뒷전이었지요.

요즘은 일상을 소중히 보내는 것이 행복이라는 생각을 해요. 가끔 일과 가족이라는 버거운 무게에서 벗어나고 싶을 때도 있어요. 그런데 돌아보면 지금 내 삶을 지탱하는 일과 가족이라는 뿌리는 내가 꿈꾸고 간절히 바라던 것이더라고요. 어떤 상황에서도 지금 내가 가진 것과 삶의 아름다움을 계속 발견하고 나누는 사람이 되고 싶어요.

내가 좋아하는
서울 도보 여행

블로그 blog.naver.com/crystia99
인스타그램 @lianju9

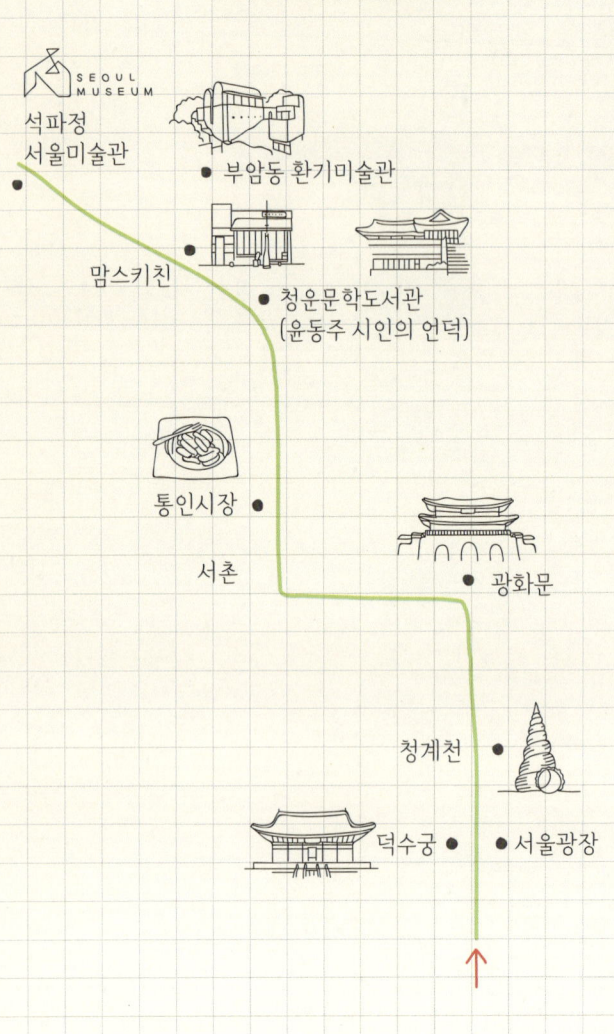

코로나19로 인해 여행을 편히 다니지 못하는 요즘, 일상을 환기하기 위해 짧은 여행을 종종 합니다. 특히 회사 근처인 광화문에 좋아하는 곳이 많아 그 주변을 자주 걷습니다. 오소희 작가의 부암살롱 글쓰기 수업을 들었을 때는 퇴근 후 부암동까지 도보여행을 했어요. 서울 풍경을 바라보며 걷다 보면 무거운 머리는 비워지고 바닥난 체력은 채워지는 것 같아요. 긴 시간을 들여 멀리 떠나지 않더라도 일상과 잠시 거리를 둠으로써 새로운 눈으로 나와 주변을 들여다보는 과정이 스스로를 돌보는 시간이라 생각합니다.

제가 좋아하는 서울 도보 여행 코스를 추천합니다.

거리 약 5km, 6시간 가량 소요

덕수궁 ▶ 서울광장 ▶ 청계천 ▶ 광화문 ▶ 서촌 ▶ 통인시장 ▶ 청운문학도서관(윤동주 시인의 언덕) ▶ 부암동 환기미술관 ▶ 맘스키친 ▶ 석파정 서울미술관

서울은 600년 넘는 수도 역사를 가진 도시로 과거·현재·미래 문화가 혼재되어 있어요. 고색창연한 옛 궁궐의 벤치에 앉아 주변의 빌딩 숲을 조망하면 시공간을 넘나드는 느낌이 들어요. 계절별로 번갈아가며 피는 꽃, 싱그러운 나무와 어우러진 고궁을 거니는 것이 좋아 계절이 바뀌면 한번씩 덕수궁에 갑니다.

일상과 잠시 거리를 둠으로써 새로운 눈으로 나와 주변을 들여다 봅니다.

  덕수궁에서 나와 광화문을 향해 직진하기 전 서울광장으로 이어진 횡단보도를 건넙니다. 지름길을 찾기보다 내가 좋아하는 길, 장소를 발견하는 것이 도보 여행의 즐거움이니까요. 복잡한 서울 도심에서 탁 트인 광장을 가로질러 걸으며 저 멀리 남산서울타워를 바라봅니다. 서울광장에서 도보로 10분 거리에 있는 청계천도 그냥 지나칠 수 없죠. 청계천 풍경이 한눈에 들어오는 모전교에 기대어 잠시 쉬어봅니다.

  이제 다시 고층 빌딩이 즐비한 세종대로를 따라 경복궁 정문인 광화문이 보일 때까지 걷다가 광화문 담장 서쪽을 지나 통인시장 쪽으로 갑니다. 통인시장하면 기름떡볶이죠. 간장떡볶이와 기름떡볶이 두 가지를 번갈아 먹고 힘을 내서 부암동으로 향하는 오르막길을 올라 한옥 기와집 모습의 청운문학도서관에 도착합니다. 1층 열람실에서 작은 대나무 숲을 보며 책을 읽는 호사를 누려봅니다. 근처에 있는 윤동주 시인의 언덕에도 올라 인왕산과 북악산으로 둘러싸인 서울의 풍경을 감상합니다.

다음은 환기미술관입니다. 미술과 건축에 조예가 깊은 친구의 소개로 대학생 때 처음 환기미술관에 가봤어요. 아직도 갈 때마다 김환기 화가의 그림과 환기미술관을 세운 아내 김향안 작가의 이야기에 감동을 받습니다. 예술과 사랑의 힘으로 마음을 채운 데 이어 출출해진 배를 달래줄 시간이 되었습니다. 근처에 있는 '맘스키친'이라는 일본 가정식 식당은 부암동에서 혼자서도 여유롭게 밥을 먹을 수 있는 공간이라 좋아합니다. 추천 메뉴는 유부초밥과 함께 나오는 냉라면입니다. 든든하게 먹고 아직 오후 4시가 되지 않았다면 석파정 서울미술관에 들러 산과 고전 건축물이 어우러져 자아내는 아름다움을 만끽합니다. 해가 일찍 지는 겨울에는 석파정 관람 마감 시간인 5시 즈음 노을 지는 부암동 풍경을 덤으로 볼 수 있습니다.

이 도보 여행 구간 외에도 경복궁역에서 가까운 수성동계곡, 고궁박물관 근처도 추천하고 싶어요. 일상에서 새로움을 찾을 수 있는 도보 여행으로 걷는 기쁨과 마음의 여유를 스스로에게 선물해보는 것은 어떨까요?

살기 위해
숲이 우거진 산으로
걸어 들어갔습니다

이
지
영

자유로운 영혼을 가진, 전형적인 풀타임 워킹맘입니다. 스스로를 직장에서 퇴근하면 집으로 출근하는 투잡러라 여기며 집과 일터를 분주한 리듬으로 오가고 있습니다. 일상에 쉼이 필요할 때면, 홀로 초록 숲을 거닐거나 노트북을 열고 글을 씁니다.

가족 구성

나(40세), 남편(46세), 딸(9세), 반려견(2세)

사는 곳

서울시 동대문구

일과표

시간	내용
7시 50분	기상
8시 10분	아이 기상, 아침 식사, 아이 등교 준비
8시 30분	아이 등교 후 출근
9시	오전 근무
12시	등산
13시	오후 근무
17시 30분	퇴근하며 아이 픽업(초등 돌봄교실)
18시	아이와 함께 반려견 챠임이 산책·목욕
19시	저녁 준비 및 식사
21시	아이와 함께 저녁 일과
24시	취침

하루 동안 꼭 해야 하는 나만의 루틴이 있나요?

출근하는 평일이면 점심시간에 늘 등산을 합니다. 부득이 점심 때 회의가 있는 날을 제외하고는 어김없이 회사 인근 산으로 향합니다. 족저근막염으로 발바닥 통증이 생긴 후로 언제나 워킹화를 신고 출근하기에 선글라스만 챙기면 된답니다.

제가 평일 점심에 매일같이 오르는 산은 조선 시대에 '하늘이 숨겨둔 곳'이라 하여 천장산(天藏山)이라고 불렀다는데, 이름만큼 근사한 곳이에요. 부지런히 오르내리면 45분, 여유 부리면 50분 정도 걸리는 비교적 짧은 산행이에요.

초록 숲속을 아무 생각 없이 걷다 보면 남은 하루에 필요한 에너지가 차오르기도 하고, 내 안에 쌓인 묵은 화(분노)와 대면하기도 해요. 홀로 호젓하게 복잡한 내면을 들여다볼 수 있는 이 시간이야말로 제게는 유일한 쉼이자 힐링이랍니다.

등산을 하기 위해 자연히 점심을 대체할 간편식을 찾게 되었고, 체력이 허락하는 평일 밤과 주말이면 면역력 향상에 좋은 수프를 부지런히 만듭니다.

사랑하는 딸 유나가 네이밍한 '튼튼수프'는 시간과 정성, 유기농 채소가 듬뿍 들어간답니다. 튼튼수프를 먹고 점심 등산을 하는 일과는 어느새 저의 일상이 되었습니다.

점심시간에 등산을 하게 된 계기가 있나요?

올해 초 입안에 이물감이 느껴지고 턱과 목 경계에 멍울이 잡혔어요. 증상을 찾아보니 기쿠치병, 임파선 전이암, 침샘종양 등 다양하더라고요. 당시 병명을 진단받은 이후에 쓴 다이어리를 보면 이렇게 씌어 있어요. "암이라고 생각하고 안절부절못했는데…. 삶에 애착은 없었으나, 딸 유나가 눈에 밟혔다."

올해 마흔인 저는 병원 순례만으로도 피로할 정도로 비실거렸어요. 숨 쉬는 운동만으로는 더는 버틸 수 없어 살기 위해서 운동을 해야 했지요. 그런데 운동할 짬이 안 난다며 푸념을 늘어놓던 제가 글쎄 직장인의 유일한 자유 시간인 점심시간에도 일만 하고 있더라고요. 퍼뜩 정신이 들었습니다. 오후 근무 시작 시간까지 아직 40여 분이 남아 있음을 확인한 그 날 곧장 회사 인근의 천장산 하늘길로 뛰쳐나갔습니다. 그 후 출근하는 평일이면 저 자신을 위한 한 시간의 자유를 꼬박 누리며 등산을 합니다.

살기 위해 숲이 우거진 산으로 걸어 들어갔습니다. 마음 둘 곳 없이 어지러운 날이 어찌나 많은지 숲을 걸으며 마를 새 없이 눈물을 흘리고, 안전한 장소에서 속상한 마음을 몸 밖으로 밀어냈어요. 산에 오를 때 누가 꾹 누른 듯 명치가 답답했던 날도 하산할 때 숨은 쉬어지더라고요.

진초록 숲에서 땀과 함께 속상함과 답답함을 흘려보냅니다.

물론 불볕더위가 계속되는 날이면 발걸음이 쉽게 떼어지지 않아요. 이렇게 무리하다 쓰러질 수도 있겠다는 위기감도 들고요. 그럴 때면 평소의 반만 걷자고 작정하며 길을 나서요. 선글라스에 양산까지 챙기고, 돌아오는 길에 아이스커피 한 잔을 나에게 선물합니다. 진초록의 여름 숲에서 땀과 함께 속상함과 답답함, 괴로움을 흘려버리면 돌아오는 길에는 남은 하루를 버틸 에너지가 차오릅니다.

집과 직장의 거리가 가깝다고 들었습니다.

저는 아침잠이 많아서 신혼집을 직장과 가까운 곳으로 선택했고, 아이가 태어난 이후에는 더욱더 가까이 살 수밖에 없었어요. 평일이면 영문도 모른 채 온종일 엄마와 헤어져야 했던 아이를 퇴근 후 최대한 일찍 만나야 했거든요.

게다가 양가 부모님은 물론이고 친·인척 등 혈연을 동원해도 답이 안 나오는, 그야말로 극소수에 해당하는 독박 육아 당첨자예요. 영아기에는 베이비시터와 아이만 집에 두고 출근했어요. 유아기에 정시 퇴근해 어린이집까지 뜀박질해도 신발장에는 늘 우리 아이 신발 한 켤레만 쓸쓸히 남아 있더라고요. 내 아이로 태어나 가장 먼저 종일반 딱지를 물려준 것만 같아 죄책감에 가슴이 조여왔어요. 늘 이렇게 아등바등하면서 살았지요.

그래서 학군, 부동산 투자 등을 고려해 직장에서 더 멀리는 도저히 이사 갈 수 없었어요. 어떻게든 아침에는 아이와 최대한 늦게 헤어지고, 저녁에는 최대한 빨리 만나는 것이 최선이라고 생각했죠. 지금도 그 원칙에는 변함이 없답니다. 출퇴근 시간을 아낀 만큼 늘 엄마가 고픈 엄마바라기 아이와 조금이라도 시간을 함께할 수 있는 것만으로도 다행이라 여기고 있습니다.

하루를 잘 지냈다는 나만의 기준이 있나요?

무엇이든 끝맺음이 중요한 것 같아요. 밤에 아이가 편안하게 잠자리에 들고, 곤히 자는 모습을 확인하면 그날 하루를 잘 보냈다는 생각이 들어요. 반면에 요란한 꿈을 꾸는지 심하게 뒤척이는 날에는 불안도 높은 저는 마음이 편치 않답니다. 평일이면 아이와 떨어져 있는 낮에 혹시 무슨 일이 있었는지 염려되고, 주말이면 온종일 함께 한 시간에 아이에게 너무 무신경하지는 않았는지 되돌아보며 후회하고 또 자책하게 돼요.

후회와 반성, 사과…. 이 말도 안 되는 사이클을 무한 반복하며 이제껏 육아를 해왔는데, 그런 마음이 들지 않는 날이면 그나마 엄마 역할에 나름대로 충실했다고 애써 생각한답니다. 우리 엄마들에게는 정신 승리가 필요합니다!

일상에서 기쁨을 느끼는 순간은 언제인가요?

주말 아침 느지막이 일어나 치즈케이크 한 조각과 갓 내린 커피를 곁에 두고 책을 읽거나 글을 쓰는 고요한 하루가 제 로망입니다. 하지만 현실은 강아지와 나란히 누워 뒹굴뒹굴하는 아이가 있습니다. 티 없이 맑은 아이의 웃음소리가 집 안을 가득 채울 때면 '인생 뭐 있나. 이게 바로 행복이지' 싶은 마음이 듭니다.

더불어 평일 점심에 초록빛 숲속을 거닐다 보면 생동감 넘치는 청설모와 바람이 전해주는 진한 아카시아 향을 온전히 느낍니다. 모두 지금 이 순간 살아 있으니 누릴 수 있는 기쁨이라 여겨지지요. 그토록 간절히 원하던 혼자만의 시간을 확보한 날은 퇴근 이후 아이에게 더 너그러워지고, 일상의 소소한 기쁨도 더 자주 느끼게 되더라고요.

힘들고 지칠 때 어떻게 리프레시 하나요?
혹은 힘든 하루를 무사히 넘기는 나만의 방법이 있나요?

10대 때 자정이면 늘 〈신해철의 FM 음악도시〉라는 라디오 방송을 들었어요. 사춘기 때, 언제나 우리 편이었던 신해철 음악을 들으면 여전히 행복합니다.

언제 들어도 힘이 나는 '그대에게'와 '너에게 쓰는 편지'를 집 안 가득히 틀어놓고, 맞바람이 불도록 창이란 창은 활짝 열어놔요. 그리고 신나게 집 청소를 하며 그의 노래를 따라 부른답니다. 마무리는 기분 좋을 만큼 따뜻한 욕조 물에 몸을 담궈요. 좋아하는 가수의 음악만으로도 힐링이 되는데, 몸도 공간도 함께 깨끗해지니 정말 근사한 테라피 아닌가요? 강추합니다!!

이루고 싶은 꿈 혹은 닿고 싶은 행복이 있나요?

'달리는 택시 안에서도 달려야 하는' 절대적 시간 빈곤자인 워킹맘의 삶을 살다 보니 꿈이 생겼습니다. 누구에게나 공평하게 주어지는 하루 24시간을 제 의지에 따라 사용하고 싶어졌어요.

처음에는 막연하게 일하는 시간과 장소를 직접 선택할 수 있으면서 '가치를 창조하는 업'을 떠올렸어요. 그런데 제가 진심으로 원하는 것을 모르겠더라고요. 내가 무엇을 좋아하고 잘하는지, 무엇을 하고 싶은지 스스로에게 물었어요. 좋아하면서 재능이 있고, 경제적으로도 충족되는 업을 찾기 위한 몰입의 시간이 절대적으로 필요하더라고요.

글을 쓰고 싶었습니다. 그리고 그 마음은 시간과 에너지를 쏟으며 여러 차례 공모전에 도전하도록 저를 이끌었습니다. 최소한의 밥벌이를 염두에 둬야 했기에 공신력 있는 기관의 검증이 절실했습니다. 그래서 아이를 재우고 새벽녘까지 글을 쓰는 생활을 지속해나갔고, 드디어 올해 4개의 공모전에서 수상했습니다. 덕분에 지금껏 해오던 '치유의 글쓰기'를 지속할 동력이 생겼습니다. 아직은 명확하고 구체적인 로드맵이 있는 건 아니지만, 우선 그간 글을 쓰면서 힐링이 되었던 에세이 테라피를 밀도 있게 진행해보려고 합니다. 앞으로 제가 원하는 바를 어떤 형태로 지속해나갈지 저 역시 궁금하고 또 기대됩니다.

내 건강을 돌보는
'튼튼수프' 레시피

비염으로 고생하는 아이를 위해 가정먹거리연구소에서 추천하는 면역력 향상에 좋은 수프를 만들기 시작했습니다. 그런데 가장 규칙적으로 챙겨 먹는 사람은 정작 엄마인 저더라고요. 나 하나 먹자고 이리 시간과 노력을 투입하나 싶어 살짝 고민했는데, 엄마가 꾸준히 먹어야 아이도 한 숟갈, 두 숟갈 먹는 양이 늘 거라는 믿음으로 힘을 냈어요. 엄마의 안테나가 아이에게만 향해 있는 것보다는 스스로를 돌보는 엄마가 아이에게도 좋은 영향을 줄 것이라고 믿습니다.

홈메이드 수프 2종 중 사랑하는 딸 유나가 추천하고 직접 네이밍한, 색감이 예쁘고 설탕 없이도 달콤한 식사 대용 고단백 '튼튼수프' 만드는 법을 소개합니다.

고단백 '튼튼수프' 만들기

재료: 불린 병아리콩 390g, 비트 420g, 양파 300g, 고구마 540g

영양소 파괴는 최소화하고 체내 흡수율을 높인 수프로, 재료는 최대한 유기농으로 준비하세요. 저는 주로 제주산 비트를 구매하는데, 단단한 것이 좋아요. 고구마는 큰 사이즈가 손질하기 편하답니다. 비트와 고구마는 껍질까지 모두 사용하니 깨끗하게 씻으세요.

만드는 방법

1. 병아리콩은 물에 8시간 이상 담가놓습니다. 여름에는 상하지 않도록 냉장고에 넣어서 불립니다.
2. 비트와 고구마는 껍질째 깍둑썰기하고, 양파는 껍질을 벗긴 후 적당한 크기로 썰어요.
3. 커다란 냄비에 병아리콩, 비트, 양파, 고구마를 모두 넣고 재료가 잠길 만큼 물을 부어요.

4. 중불로 끓이다가 끓기 시작하면 약불로 줄여서 1시간 30분간 더 끓입니다.
5. 냄비째 식힌 후 믹서기를 이용해 부드럽게 갑니다. 바로 먹을 분량만 냉장고에 넣어두고, 나머지는 냉동실에 보관합니다.

튼튼수프를 먹고 점심 등산을 하는 일과는 어느새 저의 일상이 되었습니다.

보관 및 먹는 방법

1. 냉동실에 보관하기 좋고, 간편하게 휴대해서 먹을 수 있도록 투명 주스 파우치 350ml(뚜껑 포함)와 깔때기를 준비합니다. 저는 한 번에 양껏 만들기 위해 앞서 소개한 재료의 1.5배를 사용합니다. 그러면 세 가족이 이틀간 먹을 분량(냉장실 보관)과 파우치 10팩(냉동실 보관) 정도 나오더라고요. 냉동 보관이라고는 해도 2개월 이내에 드시는 것을 추천해요.

2. 잠자기 전 냉동실에 넣어둔 꽁꽁 언 수프 파우치를 실온에 꺼내놔요. 이튿날 아침에 자연 해동된 수프를 (데우지 말고) 아침 식사로 먹어요. 달달한 고구마 맛이라 아이들도 부담 없이 잘 먹는답니다.

3. 350ml 한 팩이면 어른 기준 한 끼 식사 대용으로 충분해요. 고단백으로 영양은 물론 포만감이 느껴져 건강한 다이어트까지 가능하답니다. 전 아침을 안 먹고 출근하는 데다 점심 시간마다 등산하느라 식사 시간이 확보되지 않아 수시로 먹습니다. 튼튼수프로 건강을 챙겼을 뿐만 아니라 지난 6개월간 체중도 5kg이나 감량했답니다.

둔하고 느리지만
행함이 있는
나만의 반짝이는
촉수를 사랑합니다

임
순
미

나로서 유영하며 직접 경험하고 느끼는 일상의 온도를 좋아합니다. 남자 셋 사이에서 일 벌이기 선수로 활약하며 가끔 머리보다 몸이, 몸보다 감정이 앞서 낭패를 볼 때가 있습니다. 둔하고 느리지만 행함이 있는 나만의 반짝이는 촉수를 사랑합니다.

가족 구성

나(41세), 남편(50세), 아들(7세), 아들(5세)

사는 곳

경기도 하남시

일과표

5시	기상, 나만의 고요한 시간(아침 루틴)
8시	아이들 기상, 아침 식사, 등원 준비
9시	아이들 등원
10시	나만의 시간
16시 30분	아이들 하원, 놀이터
18시	저녁 식사
19시	집안일
20시 30분	아이들과 함께 저녁 일과
22시 30분	아이들 재우면서 같이 취침

하루 동안 꼭 해야 하는 나만의 루틴이 있나요?

올해 새로 생긴 저만의 아침 루틴이 있어요. '카카오프로젝트 100'으로 여성 작가의 글을 읽고 인증하는 모임에 참여하면서 매일 3~5장씩 여성 작가가 쓴 책을 읽고 있어요. 목표를 크게 잡지 않고 부담 없이 읽다 보니 100일 동안 총 네 권의 여성 작가 책을 완독할 수 있었어요. 그것을 계기로 지금도 매일 조금씩 여성 작가의 글을 읽으며 여성의 리그를 맛보고 있습니다.

읽은 책 중 홍은전 작가의 〈그냥, 사람〉이 가장 기억에 남아요. 인권 현장에서 싸우는 차별받는 사람들의 이야기를 다룬 책으로, 작가는 싸우는 사람이 사라졌다는 건 세상의 차별과 고통이 사라졌다는 뜻이 아니라 세상이 곧 망할 거라는 징조라고 강조했어요. 드러내지 않으면 알 수 없는 장애인들의 이야기를 경이롭게 풀어가 사회를 바라보는 저의 시선이 조금 더 확장되게 만들어준 책이에요. 한 문장 한 문장 곱씹으며 읽을 수 있는 책으로 추천해요.

지금 읽고 있는 책은 다이앤 애커먼의 〈사랑의 백가지 이름〉이에요. 여성 작가의 목소리는 뚜렷하고 투명하며 힘이 있어요. 때로는 강렬하고 뜨겁기까지 하죠. 짧은 분량이지만 새벽에 일어나 힘이 있는 여성 작가의 글을 읽으며 하루를 의미 있게 시작합니다.

하루를 잘 보냈다는 나만의 기준이 있나요?

 매일 반복되는 일상을 의미 있게 보내고 싶은 마음이 커요. 그러기 위해서는 무언가 놓치지 않고 잘 매만져주며 삶을 이끌어가고 싶어요. 아침에 일어나 해야 할 일을 적고 하나씩 지워가면서 스스로에게 작은 성취감을 선물하려고 해요. 거창한 투두 리스트가 아니라 오늘 읽을 책의 분량, 프로젝트 미션 같은 계획했던 일들을 해나가는 것부터 사소하지만 자칫 놓칠 수 있는 아이들 손톱 깎기, 도서관 책 반납 등 하얀 종이 위에 새겨두면서 마음가짐을 새롭게 합니다. 장을 보러 가기 전 무엇을 사야 할지 미리 목록을 적고 가듯이 오늘 해야 할 일을 기록하며 주도적으로 실행해나가는 맛이 달콤해요. 24시간을 잘게 쪼개어 사용하면서 '한다면 하는 사람'으로 인정해 주고 오롯이 보낸 하루를 나에게 선물해요. 모든 미션을 완수하면 내 삶의 온도를 잘 찾아간 느낌이 듭니다.

지금의 내가 되기 전에는 어떤 모습이었나요?
그리고 어떤 계기로 변하게 되었나요?

 작년에 오소희 작가의 글쓰기 수업을 통해 삶을 다시 한번 돌아보는 시간을 가졌어요. 글쓰기를 하면서 아주 평범하게 나름대로 잘 살았다고 생각했는데, 최종 에세이에서 자기 비하의 글이 너무 많았다는 사실을 알게 되었어요. 과거의 일을 썼다고 생각했는데 자신을 채찍질하고 제 탓으로만 돌렸더라고요. 큰 충격이었어요. 그때부터 마음이 힘들어지면서 후폭풍이 몰아치듯 몸까지 아팠어요. 허리 디스크 환자였지만 그동안 잘 버티던 허리를 삐끗했고 왼쪽으로 틀어지기까지 해서 입원을 하게 되었어요. 한 달 후 같은 증상이 재발해 다시 병원 신세를 지게 되었고, 이대로는 안 되겠다 싶었죠.

그 일을 계기로 팬데믹 상황임에도 건강을 회복하는 것이 우선이라는 생각이 들어 재활 PT를 시작했습니다. 더불어 계속 저를 들여다보고 마음의 소리에 귀 기울이는 데 힘을 쏟았어요. 힘들지만 외면하려 하지 않았고, '나사랑 프로젝트'라 명명하며 나를 사랑하고 삶의 방향을 찾기 위해 애를 썼어요. 그렇게 작년 12월, 마음이 가벼워지면서 조금씩 하고 싶은 것들이 눈에 들어왔고 무엇이 중요한지를 깨달았습니다. 매일 운동하고, 식단을 관리하고, 그날 해야 할 일들을 하나씩 완수하는 심플한 삶이 지금까지 쭉 이어진 저만의 일과가 되었어요.

일상에서의 기쁨을 느끼는 순간은 언제인가요?

　일상을 제 느낌대로 기록하는 것을 좋아해요. 인스타그램은 찰나의 순간을 기록하고 기억하기 좋더라고요. 그곳에 저만의 감성으로 사진과 함께 글을 게시하는 것이 힐링이에요. 어떤 순간에 떠오른 생각과 그날 있었던 일을 인스타그램에 기록하면서 나라는 사람에 대해 한 번 더 돌아봐요. '내가 지금 이런 기분이구나', '내가 지금 이런 생각을 하고 있구나', '이런 기록을 남기고 싶구나' 생각하다 보면 스스로 무엇을 추구하며 살아가고 싶어 하는지 알게 되더라고요.

　어떤 목적을 두고 인스타그램을 하기보다는 경험한 일을 토대로 정보를 나누고 솔직담백하게 감정을 표현해요. 뾰족한 제 모습을 조금씩 둥글게 만들어가는 과정을 통해 보이는 것을 넘어 보이지 않는 것들까지 여과 없이 표현하고 싶어요. 더불어 삶의 결이 맞는 팔로워들과 서로 '좋아요'를 누르고 댓글을 남기면서 소통하는 시간을 좋아합니다.

힘든 하루를 무사히 넘기는 나만의 방법이 있나요?

　살림과 정리 정돈에 있어서는 관대한 편이에요. 미루기 선수이

기도 하고요. 그중 설거지가 제일 미루고 싶은 일 중 하나예요. 아직 식기세척기가 없어 편리함을 누리지 못하고 있지만 대안으로 설거지 시간을 즐기려고 합니다. 설거지를 시작하기 전 먼저 블루투스 이어폰을 귀에 꽂아요. 플레이리스트는 노동요가 아닌 노동팟. 주로 듣는 팟캐스트는 '책읽아웃'이에요. 특히 읽고 싶었던 책의 저자를 만나는 시간을 좋아합니다. 팟캐스트 청취를 통해 노동으로 여겨지던 설거지가 기쁨의 시간으로 바뀌었어요. 모르던 세계를 알아가고, 잠깐이지만 온전한 나만의 시간을 보내다 보면 어느새 설거지가 끝나요. 팟캐스트를 듣는 시간은 몸과 머리의 간극이 큰 저를 다시 매만져주는 느낌이에요. 흩어져 있던 감각이 다시 모이는 이 시간을 사랑합니다.

아이들이 등원하고 난 후의 시간은 어떻게 보내나요?

저는 에너지 볼륨이 작은 사람이에요. 다른 사람들에 비해 에너지 효율이 떨어져 하루에 할 수 있는 일이 많지 않죠. 그 사실을 간과하고 선을 넘으면 바로 몸이 반응하기 때문에 무리하면 안 돼요. 그래서 일을 벌이기보다는 하루에 한 가지 정도 정해두고 하는 편이에요.

반면에 지루한 것보다 새로운 자극에 흥분하는 스타일이어서 매일 같은 것을 반복하기보다는 하고 싶은 것들을 돌아가며 즐겨요. 일상 속 나 자신을 구하기 위한 끌림을 사랑해요.

매일 운동하는 것을 제외하고 카페에 앉아 블로그에 글쓰기, 좋아하는 사람들 만나기, 나를 위한 건강식 요리하기, 나와의 아티스트데이트, 등산, 누워서 뒹굴뒹굴하다 낮잠 자기 등 그날 컨디션에 따라 큰 틀 안에서 해낼 수 있는 것을 골라 즐기며 보내요. 가족을 위한 시간보다 진짜 나를 만나는 시간으로 채우고 있어요.

**과거의 나, 현재의 나, 미래의 나를 위해
어떤 방법으로 나를 사랑하고 있나요?**

제가 애정하는 언니공동체 '개항로 928' 모임에서는 엄마, 아내라는 키워드보다 '나'를 중심으로 오롯이 서나가는 이야기를 자주 나누는 편이에요. 그러다 보니 자연스럽게 '내면아이'를 알게 되었고, 작년 오소희 작가의 글쓰기 수업을 통해 내 안의 목소리를 들으려고 애썼어요.

저에게 많은 영감을 주는 지인이 내면아이 관련 라이프 코칭 일을 하고 있어서 내면아이 코칭을 받았습니다. 사랑받고 싶었던 과

나에게 던져진 질문에 대답하고 또 대답하며 진짜 내 마음을 들여다봐요.

거의 어린 순미를 만나 따뜻하게 감싸 안아주었고, 그것을 기반으로 지금은 내 안의 내가 원하는 것이 무엇인지 내면 세계를 그윽하게 바라보고 있어요. 특별한 방법이라기보다는 나에게 던져진 질문에 대답하고 또 대답하며 진짜 내 마음이 어떤지 들여다보고 있어요. 그런 시간이 차곡차곡 쌓이면서 미래의 내가 어떤 삶을 꿈꾸는지 지향점을 찾아가게 되었어요.

나를 관찰하고, 나를 인정해주는 것이 주어진 삶에 감사하며 행복하게 사는 방법 같아요. 나라는 큰 나무 속에 숨겨진 열매를 보물찾기하듯 알아가는 재미를 느끼고 있습니다.

이루고 싶은 목표나 꿈이 있나요?

　나로서 온전히 서기 위해 내가 추구하고자 하는 삶에 대한 명확한 그림을 그려야 할 때라는 것을 깨달았어요. 그래서 저의 목표는 외부 시선으로부터 자유로워지고 내면에 집중하는 거예요. 스스로 시도하고, 실패하고, 선택에 책임을 지는 경험을 하려고 합니다. 확신을 가지고 내 안에서 답을 찾는 선순환이 이루어지도록요. 그러기 위해 계속 기록하고 싶어요. 나의 말, 생각, 행동을 사진과 글로 기록하며 나를 돌아보려고요. 그리고 나의 경험과 에너지를 나누는 장을 만들어 가꾸고 싶어요. 선한 영향력을 끼치는 브런치 작가가 되는 게 꿈이에요. 내공이 부족하지만 하나씩 사유하고 내 영혼을 만나는 시간이 쌓이다 보면 욕망에 솔직해지는 작가가 되어 있을 거라 믿어요. 오늘 하루도 허투루 보내지 않고 내 안의 지도를 그리며 살고 싶어요.

지속 가능한 삶을 위한
근력

블로그 blog.naver.com/greenmi0304
인스타그램 @greenmi_love

허리가 아파지는 주기가 점점 짧아질수록 두려움이 커졌습니다. '이제라도 외양간을 고치면 다시 나를 일으켜 세울 수 있을까?' 이미 일은 벌어졌지만 소를 잃은 주인처럼 뒤늦게 후회하지 말고 실천하고 행동한 사람만이 가질 수 있는 힘을 키우고 싶었어요. 숨쉬기가 운동의 전부였던 제가 건강을 위해 처음 선택한 운동은 허리 강화 재활 PT였어요.

재활 목적으로 운동을 하는 것이기에 전문가의 도움이 필요했고, 지인의 소개로 유능한 트레이너를 만났어요. 차로 편도 25분 거리의 헬스장까지 갈 만큼 절실했습니다. 돈과 시간을 투자했기에 회복하고 싶었고, 아프지 않고 건강하게 생활하면서 평온한 가정을 유지하고 싶은 마음이 컸습니다.

허리에 무리가 가지 않는지 확인하면서 조금씩 서두르지 않고 운동 강도를 높여갔어요. 일종의 조각 깨기 훈련이죠. 날마다 조금씩 운동의 질을 달리하면서 점증적 훈련을 통해 새로운 자극을 느꼈어요. 반복적인 일상 속에서 새로운 자극을 마주하다 보면 생각이 확장되는 것처럼, 운동을 통해 평소에 쓰지 않던 근육을 자극하면서 효율을 높여가는 재미가 있었어요.

허리 디스크 환자에게 늘어나는 뱃살은 치명적이에요. 알면서도 음식 앞에서 주체하지 못하고 허겁지겁 먹던 제가 운동을 시작하면서 본격적으로 다이어트 세계에 합류하게 되었어요. 뱃살을 진심으로 빼고 싶었거든요. 식단 관리와 운동을 병행하니 시너지가 나기 시작했어요. 막연하게 꿈꾸던 버킷 리스트인 바디프로필 촬영을 단기 목표로 설정했어요. 더불어 제가 추구하는 삶의 방향성을 고민하던 찰나, 환경을 더 생각하게 되었습니다. 그때 육식에 관한 다큐멘터리를 보았고 더 이상 고기를 먹지 말아야겠다는 생

데친 두부와 단호박, 채소, 아몬드로 구성한 클린 식단.

각에 도달하자 다이어트식으로 먹던 닭 가슴살이 먹고 싶지 않았어요. 이참에 건강을 회복하면서 식습관도 바꾸고 진짜 건강한 삶을 살아보자고 다짐했죠. 초반에는 채식다이어트에 관한 정보도 많지 않고 한정적인 메뉴로 식단을 조절하기가 어려웠어요.

닭 가슴살 대신 먹을 수 있는 것이 두부더라고요. 매 끼니 데친 두부와 단호박, 채소, 아몬드로 클린 식단을 구성했어요. 트레이너와 호흡을 맞추며 마지막 땀방울까지 짜내고 난 뒤 차에서 먹는 클린 식단은 세상에서 제일 감사한 식사였어요. 내가 할 수 있는 선에서 최선을 다하며 목표를 이루기 위해 노력하는 시간을 오랜만에 만끽했습니다.

운동을 하면서 몸이 단단해지는 만큼 마음의 근육도 함께 강해지는 것을 느꼈어요. 운동하는 시간이 고통이 아니라, 하루 1~2시간 투자해 삶의 근육도 함께 커진다면 이보다 더 좋을 순 없겠다 싶더라고요. 지인에게 운동을 꼭 하라고, 체력을 키우라고, 하고 싶은 것 맘껏 하기 위해서는 우선 건강해야 한다고 비엔나소시지처럼 끝없이 운동을 예찬하는 저를 발견하게 되었어요.

운동하기로 마음먹었다면 1년 치 회원권을 끊기보다는 배우고 싶은 운동을 찾기 위해 3개월, 6개월 정도 두루 접해보길 추천해요. 웨이트트레이닝을 기본으로 하되 등산이 끌리면 등산을, 수영이 끌리면 수영을, 러닝이 끌리면 러닝을 하면서 그날 컨디션과 몸

운동을 하면서 내 몸과 마음의 근육이 함께 강해지는 것을 느꼈어요.

상태를 살피며 멈추지 않고 꾸준히 하는 것이 무엇보다 중요하다고 생각해요.

저마다 체력과 유연성이 다르기에 자신에게 맞는 운동법을 찾는 수고로움이 필요해요. 어떤 운동을 좋아하는지, 그 운동을 지속할 수 있는지 파악해 결정한 후 꾸준히 해나갈 수 있는 루틴으로 만들어야 해요.

저도 잠시 방황하면서 운동을 쉬기도 했지만, 결국 몸을 쓸 때 나를 일으켜 세우고 돌보게 되더라고요. 운동하고 음식을 가려 먹는 것만으로도 몸이 변하고 생각과 마음도 긍정적으로 바뀝니다. 외부 자극에 쉽게 흔들리며 요동치던 삶이 단단한 호두처럼 내면의 본질에 집중할 수 있게 되고요. 제가 운동하면서 도움을 받았던 유튜브 채널을 소개할게요.

1. **스미홈트**: 단계별(초급, 중급, 상급) 유산소, 근력 향상을 위한 홈트
2. **제이제이살롱드핏**: 다이어트 원리를 배울 수 있는 홈트
3. Chloe Ting-2 Weeks Shred Challenge-Free Workout Program: 복근 챌린지

운동과 식단을 관리하면서 도움이 된 책은 미즈노 남보쿠가 쓴 〈절제의 성공학〉입니다. 제가 존경하는 스노우폭스의 김승호 회

장이 추천한 이 책은 음식을 절제하는 것이 얼마나 삶을 이롭게 하는지 알려주었어요. 저자는 이 책을 통해 모든 성공은 스스로 인생을 절제함으로써 완성된다고 하면서, 음식은 정신을 수련하는 근본임을 강조합니다. 음식의 중요성을 깨달으면서 소식하고 절제하면 세상의 큰 뜻을 이룰 수 있다고 하니 꼭 읽어보길 추천해요.

저는 엄마가 행복해야 가정이 행복하다고 믿어요. 그 행복 안에는 엄마의 체력인 '엄마력'이 필수입니다. 창문을 활짝 열어 집 안 공기의 흐름을 바꾸듯, 몸을 쓰며 흘리는 땀방울이 주는 일상의 환기는 나를 돌보는 최고의 선물이라고 생각해요.

제 버킷리스트인 바디프로필 촬영은 성공했지만, 이게 제 건강을 위한 최종 목표는 아니에요. 오히려 바디프로필 촬영 후 평상시 꾸준히 하는 운동과 식단 관리가 저에게는 더 중요한 것 같아요. 운동을 통해 오늘과 다른 내일을 기대하고, 활기 넘치는 하루하루를 만들어가길 응원합니다.

매 순간
삶의 여정에
탄탄한 징검다리를
놓고 있습니다

황규리

읽고 쓰고 걷고 만나고 도전하는 것을 즐기는 자기 계발가입니다. 운동으로 키운 근력을 통해 삶의 에너지를 얻고, 비건으로서 살아갑니다. 도서관에 갈 때가 제일 설레는 도서관 우수 회원입니다. 섬세한 수다쟁이 남편과 개성이 뚜렷한 세 딸이랑 매일 사랑하고 배우며 성장합니다.

가족 구성

나(43세), 남편(40세), 딸(12세), 딸(10세), 딸(7세)

사는 곳

경기도 파주시

일과표

시간	일과
7시 30분	기상
8시	아이들 기상, 첫째·둘째 등교
9시	막내 등원
10시	도서관 연계 강의 듣기, 집안일, 독서, 때때로 운동
12시	점심 준비·식사(온라인 수업하는 아이와 함께)
13시	아이들과 함께 오후 일과
16시	막내 하원
17시	저녁 식사 준비
18시	저녁 식사
19시	자유 시간
20시	모두 모여 하루를 돌아보고 기도
20시 30분	아이들 취침 준비
21시	아이들 각자 책 읽고 취침
22시	운동
23시~2시	독서, 글쓰기

하루 동안 꼭 해야 하는 나만의 루틴이 있나요?

아침에 눈을 뜨면 그날 일정을 체크하고 잠시 머릿속으로 하루를 그려봅니다. 아침 식사는 두유에 오트밀과 말린 과일, 견과류 등을 섞어서 간단하게 해결합니다. 세 아이와 함께 하루를 보내려면 몸과 마음을 말랑말랑하게 유지하는 것이 중요한데, FM인 저로서는 그게 참 어렵습니다. 딱딱한 명령조로 얘기할 때가 많아 일부러 편안한 차림으로 스스로를 릴랙스시킵니다. 정해진 스케줄 외에 다른 일을 더 만들지 않는 것도 하루를 살아내는 노하우입니다.

가족이 다 같이 둘러앉아 하루를 마무리하는 시간은 코로나19 이후 만들어진 루틴입니다. 흩어져 놀고 있다가도 약속한 시간이 되면 모여서 그날의 성경 말씀을 암송하고 하루를 보낸 소감을 나누며 기도 제목을 이야기합니다. 돌아가면서 기도를 하고 나서 주기도문으로 마무리하죠. 이 시간을 통해 오늘 하루도 무사히 보냈음에 진심으로 감사하는 마음을 가지게 되었습니다.

아이들이 잠들고 운동까지 마친 후, 글을 쓰기 전 하나의 의식처럼 차를 고릅니다. 커피, 허브티, 밀크티, 레몬차, 홍차, 꽃차 등 그날 기분과 컨디션에 따라 선택한 차가 김을 모락모락 내며 노트북 옆자리에 안착합니다. 차가 옆에 있으면 집중도 잘되고 잠도 쫓아줘서 이 시간을 위해 자꾸 차를 모으는 욕심쟁이가 돼가네요.

엄마의 시간이 끝나면 주로 무엇을 하나요?

 아이들 웃음소리로 시끌벅적했던 집 안도 밤이 되면 조용해집니다. 주광색 형광등이 꺼진 자리에 노란색 간접조명이 켜지면 엄마의 옷을 벗고 레깅스로 갈아입습니다. 매트를 깔고 유튜브를 켜고 그날 할 운동을 검색합니다. 한 시간에 걸쳐 준비운동부터 본운동, 마무리 스트레칭까지 끝내고 개운하게 샤워를 한 다음 책상 앞에 앉습니다.

 노트북을 켜고 손가락으로 춤을 추다 보면 보통 자정을 훌쩍 넘깁니다. 매일 쓰는 글의 장르는 에세이, 시, 단편소설, 인터뷰 발췌 등 다양합니다. 제 글쓰기 스승인 소재웅 작가께 매주 글을 보내고 첨삭을 받습니다. 코로나19로 오프라인 글쓰기 모임을 할 수 없어 온라인으로 옮겨 글을 쓴 지 9개월, 모임 안에서 격려와 지지를 받는 것이 글쓰기를 지속하는 힘입니다.

 글을 쓰고 난 후 잠들기 전까지 침대 옆에 있는 책 중 한 권을 골라 읽을 때면 가장 좋아하는 후식을 아껴뒀다가 먹는 기분이 듭니다. 다음 날을 위해 자야 하는 것을 알면서도 시계를 흘낏거리며 책장을 넘기곤 합니다. 한 작가에게 꽂히면 그의 작품을 모조리 찾아 정주행하는 게 제 스타일인데요, 지금은 〈얼굴 빨개지는 아이〉의 장 자크 상페 책을 매일 밤 엿보고 있습니다.

지금 같은 일과가 자리 잡기 전에는 하루를 어떻게 보냈나요? 그리고 어떤 계기로 변하게 되었나요?

　결혼과 동시에 시작된 육아가 10년 넘게 이어졌어요. 그동안 제 자아는 거의 소멸되기 직전이었고, 정확히 10년째 된 해 여름밤, 오랫동안 엉킨 감정과 생각의 실타래가 풀리지 않아 끙끙대다가 견딜 수가 없어 '그냥 편안히 숨이라도 쉬어보자'는 생각으로 스트레칭을 했습니다.

　꽉 막혀있던 몸과 마음의 구멍에 들숨과 날숨이 번갈아 들어가고 나오기를 반복했습니다. 그러면서 조금씩 숨이 쉬어졌고, 그때부터 한밤중에 거실 매트 위에서 앉았다 일어났다, 팔다리를 접었다 폈다 하면서 힘든 시간을 견뎌나갔습니다. 몇 개월 지나니 몸이 단단해지고, 마음도 조금씩 여물어가는 것을 느꼈어요.

　그 후 운동 예찬론자가 된 저는, 운동하기 전후 이야기를 주변 사람들과 나누기 시작했습니다. 열과 성을 다해 얘기를 하고 있는 제게 누군가 말했습니다. 그 경험을 글로 써보면 어떻겠냐고요. 제 얘기가 누군가에게 희망을 주지 않겠냐면서요. 처음엔 손사래를 쳤습니다. "글은 뭐 아무나 쓰나? 누가 내 글을 읽겠어?"라며 말이죠.

　그런데 운동하면서 생긴 근력과 긍정적 에너지는 어느새 저를 근처 도서관의 글쓰기 모임으로 이끌었습니다. 그렇게 두서없이 한 글자씩 뱉어내는 생소한 작업을 시작했습니다.

글쓰기는 운동하고 비슷한 점이 있습니다. 매일 조금씩 계속 써야 근력이 생긴다는 것입니다. 마침 언니공동체의 '다정한 글쓰기' 멤버가 되어 한 달 동안 매일 글을 한 편씩 쓸 기회가 있었습니다.

노트북을 켜고 손가락으로 춤을 추다 보면 보통 자정을 훌쩍 넘깁니다.

한 달이 되어가는 시점에 발견한 것은 '계속 글을 쓰고 싶다'는 강한 열망이었습니다. 지금은 운동과 글쓰기를 병행하면서 몸과 마음을 단련하며 크고 작은 도전을 하는 중입니다. 훗날 그 도전들이 잘 엮어진다면 좋아하는 이슬아 작가를 만나 수다 떨 기회가 주어지지 않을까 하는 기대도 하면서요.

세 아이와 주말은 어떻게 보내나요?

토요일이면 아이들을 만나는 게 큰 기쁨인 시부모님 덕에 아침 일찍 아이들을 시댁으로 데려다줍니다. 그날만큼은 남편과 데이트를 하거나 저만의 시간을 가질 수 있습니다. 남편과 점심을 먹고, 오후에는 격주로 인문학 강의를 두 시간 정도 듣고요. 주중에 마무리하지 못한 글을 쓰거나 영화를 보고, 책을 읽고, 피아노도 칩니다. 날이 좋으면 몇 시간씩 걸을 때도 있어요. 저녁은 시댁에 가서 먹고 아이들을 데려와 재우는 것으로 토요일 일과를 마무리합니다.

일요일은 오전 예배를 마친 후 함께 점심을 먹습니다. 오후는 아이들이 고대하는 닌텐도 게임 시간입니다. 둘째와 셋째가 아빠와 게임을 시작하면 저는 첫째와 도서관에 갑니다. 왕복 한 시간 반 거리의 도서관을 오가는 길에 사춘기가 임박한 아이와 자연스레 대화를 나눕니다. 읽은 책 이야기, 게임 캐릭터 이야기, 동생들 뒷담화에, 가끔 제 잔소리가 더해집니다. 그렇게 매주 만 보 이상 걷다 보니 첫째의 체력이 많이 좋아졌습니다.

넘치는 체력 덕에 저녁에는 온 가족이 집 앞 공원에 나가 캐치볼을 합니다. 공을 잡으러 다니느라 땀범벅이 된 아이들 입가에 번지는 미소는 평일 내내 집 안에만 있어야 했던 답답한 마음에 한 줄기 위로가 됩니다. 한 주를 살아낼 힘을 얻는 느낌이에요. 혹시 주말 저녁에 땀 흘리며 공 잡으러 다니는 아줌마를 발견한다면 씩 웃어주세요. 아마 저일 테니까요.

일상에서 기쁨을 느끼는 순간은 언제인가요?

자녀가 셋이라는 것은 데이트할 상대가 많다는 의미이기도 합니다. 엄마와의 일대일 데이트를 손꼽아 기다리는 아이들을 위해 적극적으로 시간을 활용합니다. 막내와는 어린이집 가는 길에 슈퍼마리오 카트 놀이를 하며 함께 달립니다. 둘째와는 언니가 학교에 간 사이에 좋아하는 도넛을 사러 가면서, 첫째와는 주말에 도서관을 오가면서 일대일 데이트를 합니다. 그때만큼은 저도 평소에 못했던 닭살스러운 애정 표현을 하려고 노력합니다.

어느 날 둘째 충치 치료를 마치고 버스를 기다리는데 자주 봤던 2층 버스가 정거장에 정차했습니다. 저를 잡아끄는 둘째의 손을 잡고 무작정 버스에 올랐습니다. 서울까지 나갔다 올 만한 금액을 지불하고 2층으로 올라가 맨 앞자리에 앉는 순간, 둘째는 세상을 다 가진 표정이었습니다. 높은 곳에 있는 나뭇가지가 버스 창에 닿을 때마다 손을 흔들고, 내리막길을 달릴 땐 놀이기구보다 더 재밌어 했습니다. 버스비가 아깝다고 생각했던 게 미안할 만큼 둘째는 그때 일을 자주 이야기합니다.

며칠 후 셋째의 치과 진료를 마치고 돌아오는 길에는 딸기호두과자를 사 들고 좌석버스를 탔습니다. 언니가 자랑하던 2층 버스가 아니라고 아쉬워하면서도, 버스 안이 영화관 같다며 신기한 듯 조잘거리는 아이의 모습에 앞으로는 버스비 아끼지 말고 태워줘야겠다고 다짐했답니다.

엄마와 걸어 다니다 보니 체력이 좋아진 첫째와는 동네 편의점이나 새로 생긴 아이스크림 가게를 순회하며 낄낄거립니다. 한밤중 탄산수가 마시고 싶어 나갈 때는 남편의 손을 꼭 잡고 갑니다. 저는 사랑하는 사람들과 자주, 그리고 '찐'하게 데이트를 즐기는 행복한 사람입니다.

힘들고 지칠 때 어떻게 리프레시하나요?
혹은 힘든 하루를 무사히 넘기는 나만의 방법이 있나요?

　일상을 유지하는 것만으로도 유난히 지칠 때가 있습니다. 그럴 때는 시간을 내어 지인과 약속을 잡습니다. 조건이 있다면 떡볶이를 좋아하는 사람이어야 합니다. 메뉴는 당연히 떡볶이입니다. 집 근처 패밀리 레스토랑의 두툼한 쌀떡이 들어간 떡볶이, 요조의 책 〈아무튼, 떡볶이〉에도 소개된 파주 교하의 코펜하겐 떡볶이, 헤이리의 컴프트리 떡볶이 등은 저만의 떡볶이 맛집입니다. 자리에 앉아 메뉴를 고르는 순간부터 쌓였던 스트레스가 공기 중으로 날아갑니다. 뜨거운 떡볶이와 차가운 단무지를 입안에 넣고 함께 먹다 보면 방전된 몸에 에너지가 조금씩 충전됩니다. 후식으로 달달한 커피까지 마시고 나면 '내가 무엇 때문에 힘들었더라?'로 바뀌는 마법에 걸립니다.

　최근에는 아이들도 매콤한 떡볶이를 먹기 시작했다는 희소식을 전합니다. 점심 메뉴로 "떡볶이 어때?"라고 외치면 아이들 얼굴이 행복감에 젖으면서 "좋아요"라는 답이 돌아옵니다. 냉장고를 열고 재료를 꺼내고 떡볶이가 보글보글 끓는 동안 이미 집 안 공기는 활기를 띱니다. 집에서 먹는 떡볶이는 비건 스타일인데, 아이들 입맛에도 잘 맞는답니다.

이루고 싶은 꿈이나 목표가 있나요?

 저는 딱히 꿈이나 목표는 없습니다. 그저 매 순간을 충실히 사는 것이 삶의 여정에 탄탄한 징검다리를 놓는 것이라고 생각해요. 그것을 딛고 과거에서부터 현재까지 걸어왔으니 말이죠. 운동과 글쓰기를 병행하면서 살아가고 있는 현재가 미래의 어느 지점에 가닿을지 궁금합니다. 이 지면에 글을 쓸 수 있게 된 것도 징검다리를 따라 걷다가 만난 어느 지점이니까요. 그래서 저는 계속해서 순간을 살고자 합니다. 순간순간 최선을 다해 사랑하고 사랑받으면서요.

나의 비건 이야기 &
비건 떡볶이와 샐러드 레시피

인스타그램 @amore_timeless

운동을 시작하고 유튜브로 식단을 검색하다가 '비건(vegan)'이란 말을 처음 알게 되었어요. 궁금해서 관련 영상을 찾아보다가, 어마어마한 충격을 받았습니다. 동물을 집에서 기른 적도 있었고, 아이들이 더 크면 다시 기르고 싶다는 생각을 쭉 해왔는데…. 그동안 맛있게 먹던 고기와 동물이 같은 것이었다는 생각을 왜 못했을까요?

바로 도서관에 가서 비건과 관련한 책을 빌려왔어요. 제가 도움을 받은 책은 〈나의 비거니즘 만화〉, 〈아무튼 비건〉, 〈다름 아닌 사랑과 자유〉, 〈오늘 조금 더 비건〉 등이에요. 그 이후 고기를 보면 동물이 떠올라서 도저히 이전처럼 먹을 수가 없더라고요. 자연스레 샐러드와 과일 위주의 식단으로 바꾸면서 비건의 길로 접어들게 되었어요.

그렇게 시작한 비건식 초입에는 오트밀과 곡물 빵, 샐러드 등으로 식단을 꾸렸습니다. 처음 2~3개월은 갑작스러운 비건 선언에 눈이 동그래진 가족들 눈치 보며 가족 식단 따로, 비건 식단 따로 식사 준비하느라 하루 대부분을 보냈습니다. 그러다 보니 점점 지치더라고요. 5개월쯤 지난 어느 날부터 입에 대지도 않던 과자를 먹고, 그다음엔 생라면을 부숴서 먹고 있는 저를 발견하면서 깨달았죠. 나에게 식단에 대한 숨 쉴 공간이 필요하다는 것을요. 저는 매운 음식을 좋아하는데, 그동안 매운 음식은 거의 먹지 않고 있었죠. 타협점을 찾아야 했어요.

그 후 '가족들과 함께 먹을 수 있는 비건 반찬을 만들고, 밥은 현미를 주재료로 하자.'라고 계획을 세웠습니다. 자주 먹는 식재료인 두부, 감자와 각종 채소를 이용한 반찬을 고민했습니다. 가족들이 논 비건이긴 하지만 고기가 안 들어가도 입에 맞으면 잘 먹는다는 것에 착안해서 맛있는 요리를 하고자 노력했습니다.

그렇게 생각을 전환하니 요리에 크게 관심 없던 제가 가족들 식사와 간식도 전보다 자연식으로 챙기게 되었습니다. 앞에서도 밝혔듯이 저는 떡볶이를 사랑합니다. 집에서 만들어 먹는 비건 떡볶이는 일반 떡볶이에 들어가는 재료 중 동물성 식품을 빼고 만들면 돼요. 저는 어묵 대신 구운 두부를 사용했어요. 그럼 함께 만들어볼까요.

비건 떡볶이

재료: 떡볶이 떡 500g, 두부 1/2모, 양배추. 양파. 대파 적당량
(채소는 넣고 싶은 대로 넣으세요)

양념: 채소다시팩(시판용), 고추장 2큰술, 간장 2큰술, 설탕 1큰술

1. 두부는 납작하게 썰어 올리브유를 두른 프라이팬에 노릇노릇하게 구우세요.

2. 팬에 물 500ml와 채소다시팩을 넣고 10분 동안 끓이세요.

3. 떡볶이 떡은 물에 한번 헹궈서 담가놓으세요.

4. 양배추, 양파, 대파는 먹기 좋은 크기로 썰어놓으세요.

5. 2의 채소다시팩을 건져내고 고추장, 간장, 설탕을 섞은 양념장을 넣으세요.

6. 5에 떡볶이 떡과 채소를 넣으세요.

7. 떡에 양념이 잘 밸 때까지 약불에서 끓이세요. 이때 바닥에 눌어붙지 않게 가끔 저어주세요.

8. 구운 두부를 7에 넣어주세요.

9. 모든 재료가 잘 익고, 떡에 양념이 잘 뱄다면 맛있게 드세요.

비건식은 얼마나 장기적으로 유지하느냐가 중요합니다. 하루 두세 번 하는 식사가 이틀이 되고, 일주일이 되고, 한 달이 되는 과정이 쌓이는 것이니까요. 저는 반년 정도 밥 말고 빵을 주식으로 해서 식단을 유지해봤는데요, 일단 운동하면서 뺀 살이 복부 쪽에 살짝 붙더라고요. 그래서 기왕이면 빵보다는 잡곡밥을 꼭꼭 씹어서 드시는 것을 추천합니다. 문제는 반찬이죠. 반찬 만들기 귀찮아서 빵과 샐러드를 먹는 게 아니겠어요?! 그래서 밥반찬으로도 꽤 괜찮은 샐러드 만드는 법을 소개합니다.

밥과 잘 어울리는 비건 샐러드

재료: 시금치 300g, 파프리카 1개, 적양배추(또는 일반 양배추) 1/4개, 당근 1/4개, 쪽파 1/2단, 호두 또는 잣, 땅콩, 아몬드 100g

소스: 레몬즙 3큰술, 올리브유 2큰술, 간장 1큰술, 참기름 1큰술, 메이플시럽 또는 꿀 1큰술, 구운 소금 약간

1. 분량의 재료를 모두 넣고 섞어서 소스를 만드세요.
2. 시금치는 먹기 편한 크기로 자르세요.
3. 파프리카와 양배추는 깍둑썰기하세요.
4. 당근은 반달 모양으로 얇게 써세요.

5. 쪽파는 잘게 써세요. 가장 중요한 재료로 많이 넣을수록 맛있어요.

6. 커다란 볼에 시금치, 파프리카, 양배추, 당근, 쪽파와 견과류를 넣으세요.

7. 6에 소스를 부어 잘 섞으세요.

8. 간이 조금 약하다 싶으면 구운 소금을 살짝 뿌리세요.

9. 김이 모락모락 나는 밥과 함께 먹으면 맛있어요.

내 취향을 발견하고
누릴 때야말로
가장 나다운 시간입니다

이
승
연

책 읽는 것보다 책 표지 보는 시간이 더 많은 도서관 사서로 일하고 있습니다. 변하지 않는 것, 오래된 것을 사랑하고 엉뚱한 상상과 쓸데없는 호기심으로 시간을 보냅니다. 글을 쓰고 책을 읽을 때 가장 나다움을 느끼며, 육아 체질은 아니지만 딸 둘과 함께 있을 때 가장 행복합니다.

가족 구성
나(40세), 남편(40세), 딸(8세), 딸(3세)

사는 곳
서울시 북쪽

일과표

4시 30분	기상, 스트레칭 후 독서 또는 글쓰기
6시	아이들 기상, 아이들과 독서
7시	아침 식사, 아이들 등원·등교 준비, 출근 준비
9시	출근, 주부에서 직장인으로 변신
18시	집으로 출근, 놀이터 또는 휴식 후 저녁식사
19시	아이들과 놀기
20시	아이들과 독서·목욕
21시	아이들 취침, 집 정리, 나만의 시간 갖기
22시	취침

하루 동안 꼭 해야 하는 루틴이 있나요?

 하루의 시작과 끝을 저만의 루틴으로 시작하고 마무리하고 있어요. 일어나자마자 집에서 유일하게 넓은 화장실 옆 벽에 몸을 밀착시키고 스트레칭을 하며 어깨를 풀어요. 그다음 거실 매트 위에서 아주 잠깐 전신 스트레칭을 합니다. 이렇게 자는 동안 축 늘어졌던 근육을 다시 깨우며 아침을 맞이해요. 맨날 운동해야지, 하면서 시간이 없다는 핑계를 대며 못 하는 저에게는 이 정도가 최선이에요.

 그리고 책을 읽거나 글을 쓰며 저와 마주하는 시간을 가져요. 마음에 드는 문장을 노트에 옮겨 적어보기도 하고, 마음이 동하면 글 한편을 쓰기도 하고요. 그러다 보면 산만하고 갈피를 못 잡던 마음이 조금은 정리가 되면서 내가 썩 괜찮은 사람인 듯한 기분이 들어요. 그런 시간을 가지면서 하루를 플러스로 시작하고 있다는 뿌듯함도 생기고요. 다른 누가 아닌 내가 나를 인정하고 토닥이며 나를 채우는 게 우선이에요. 나를 채워야 남편에게도, 아이들에게도 기꺼이 나눌 수가 있더라고요.

 하루의 끝은 아이들에게 책을 읽어주면서 마감합니다. 그림책을 읽어주고 있으면 그 시간만큼은 최고 엄마는 아니더라도 나름대로 좋은 엄마라는 생각이 들어요. 아이에게 과도하게 화를 내고 당황스러웠던 제 마음도, 낮 동안 외로웠을 아이의 마음도 함께 다독

여요. 책을 읽고 다시 우리의 언어로 이야기하며 늘 사랑에 목마른 아이의 마음속 빈자리를 채우고 반질반질 윤을 내봅니다.

새벽에는 주로 어떤 책을 읽나요?

집중력이 필요한 책을 읽는 편이에요. 자기 계발서나 정보 습득을 위해 약간 공부를 해야 하는 책을 볼 때도 있고요. 생각을 정리할 필요가 있는 책은 역시 혼자만의 시간에 읽는 게 좋더라고요. 심리학 책일 때도 있고 육아서일 때도 있고 고전일 때도 있어요. 몰입해서 읽고 싶은 책은 뭐든 읽는 것 같아요.

"읽다 보면 쓰게 되고 쓰다 보니 적게 된다."라는 말이 있는데요.(제가 한 말이에요) 책을 읽다 보면 가끔 '어머, 어쩜 내 마음이랑 너무 똑같아'라거나, '지금 나한테 딱 필요한 말이야. 너무 좋은 말이야. 기억하고 싶다'라고 생각할 때가 있잖아요. 그래서 밑줄을 긋는 문장들 말이에요. 신기한 게 그런 멋진 문장을 노트에 옮겨 쓰다 보면 잊고 있던 기억과 연결이 돼요. 마음속 깊숙이 잠자고 있던 이야기들이 자꾸 밖으로 나오고 싶어하죠. 그러면 책과의 사이가 더 긴밀해져요. 그 책도 제 이야기도 더 각별해지는 경험을 하게 돼요. 어떤 날은 그 문장 하나가 글감이 되기도 하고, 어떤 일을 할 수 있는 영감이 되기도 하고요. 그게 모이면 한 편의 서평이 되는 거고요. 그래서 필사가 단순히 남의 문장을 베끼는 게 아니라 캘리그래피나 그림을 그리는 것처럼 또 다른 나의 세계를 만들어 가는 작업이라는 생각이 들어요.

  제가 일하는 도서관에 글쓰기로 유명한 작가님이 강연을 하러 오신 적이 있어요. 작가님이 수첩을 놓고 가셔서 얼른 뒤쫓아가서 전해드리다가 살짝 수첩이 열린 부분을 보게 되었는데요. 손바닥만 한 수첩에 아무렇게나 휘갈겨 쓴 글자가 왜 그리 멋있어 보이던지요. 그때부터 문장을 수집하기 시작했어요. 그러다 보면 저도 작가님처럼 글을 잘 쓸 수 있을 것 같았거든요. 노트에 열심히 옮겨 쓰기 시작한 건 그때부터였네요. 타이핑이 아니라 직접 써보니 한 자

새벽 시간에는 책을 읽거나 글을 쓰며 저와 마주하는 시간을 가져요.

한 자 써가는 손맛이 주는 힐링이 또 있더라고요.

  찬찬히 읽어보고 싶은 책을 필사해보는 것도 좋아요. 예전에 혼자 읽기 힘들어서 〈논어〉 필사를 동아리 분들과 함께 해본 적이 있는데요, 덕분에 〈논어〉 완독에 성공했답니다. 함께 읽고 질문을 주고받는 과정은 책 한 권을 제대로 읽을 수 있는 가장 좋은 방법이더라고요. 혼자 읽기 힘들 때 모임을 통해, 아니면 내가 모임을 만들어서 끝까지 읽어보는 건 귀한 경험이 돼요.

하루를 일찍 시작하는 비결은 무엇인가요?

  첫 번째는 일찍 자는 거예요. 일찍 자야 일찍 일어날 수 있어요. 잠이라는 예방주사를 맞아야 다음 날 상쾌하게 일어날 수가 있더라고요. 다행히 아이들이 일찍 자는 편이고, 집안일은 가능하면 아이들이 깨어 있을 때 하는 편이라 가능한 듯해요. 자기 전에는 내일 일어나서 하고 싶은 것을 위해 책상을 가지런하게 정돈해둡니다. 그 작은 행동만으로도 새벽에 일어나야겠다는 의욕이 1% 상승하는 것 같아요.

  두 번째는 새벽의 맛 때문이지요. 혼자만의 세계를 만들어나가고, 나만의 꿈을 마음껏 꾸기 좋은 그 명징한 맛을 경험했거든요.

아이들도 단맛을 한번 맛보고 나면 밍밍한 음식을 안 먹으려 하잖아요. 새벽 시간이 얼마나 좋은지 한번 맛보고 나니 또 느끼고 싶더라고요.

저도 원래는 새벽 1시에 자는 올빼미형이었는데, 밤에 뭔가 해보려고 하면 왜그렇게 지저분한 집이 눈에 거슬리는지, 늦게 퇴근한 남편은 또 왜그렇게 라면 한 젓가락 먹겠냐고 말을 거는 건지… 도대체 집중이 안 되는 거예요. 밤시간은 어, 어, 하다 보면 두세 시간이 훌쩍 지나가버리더라고요. 대신 새벽은 다른 시간보다 두 배의 힘이 있어. 시간의 밀도가 다름을 피부로 느끼게 되니 그 좋은 시간을 누리고 싶어서 벌떡 일어나게 돼요. 일어난 후에는 '이렇게 일찍 일어났으니 이 시간을 함부로 쓰지 말아야지' 하는 마음에 더 몰입하는 시간을 가질 수밖에 없고요.

처음에는 알람을 맞춰놓고도 포근한 이불 밖으로 나오기가 힘들었어요. 하지만 아무 생각 하지 않고 하나, 둘, 셋을 센 뒤에 이불킥을 하고 나오기를 한 번, 두 번, 세 번 하다 보니 이제는 알람 없이도 눈이 저절로 떠집니다.

끝으로 함께 새벽을 여는 동지들이 있어 큰 힘이 돼요. 나 혼자만이 아닌 누군가와 같이 이 시간을 사수한다고 생각하면 외롭지 않더라고요. 처음 시작하는 분이라면 새벽 동지들과 함께 해보는 것을 꼭 추천드려요.

지금 같은 일과가 자리 잡기 전에는 하루를 어떻게 보냈나요? 그리고 어떤 계기로 변하게 되었나요?

조금 늦게 둘째를 낳고 보니 어느덧 불혹이 되었더라고요. 그때 문득 정신 차리고 보니 남편은 멀리멀리 성장해가고 있고, 저는 회사, 집, 회사, 집을 맴돌며 늘 제자리인 것 같은 기분이 들었어요. 남편은 가장 가까운 친구이기도 했지만 동시에 가장 이해득실을 따지게 되는 경쟁 관계더라고요. '왜 나만 이러고 있지?'라는 생각이 들자 걷잡을 수 없이 화가 났어요. 바쁜 남편을 둔 대가로 매일 홀로 아이를 씻기고, 재우고, 집을 치우고 나면 번아웃이 되어서 아무것도 하고 싶지가 않았어요. 드라마를 보면서 울다가 웃다가 잠들 때가 많았고, 그러다가 아침에는 또 허둥지둥 바쁘게 하루가 시작되는 일상이 편하기는 했지만 생기가 없었어요. 다시 내 마음에, 내 일상에 생기를 불어넣기 위해서 시작한 게 새벽 기상이었어요. 남편도, 아이들도 말 걸지 않는 고요한 시간이 저에겐 필요했어요.

새벽만큼은 아이들과 거리 두기를 하면서 오롯이 나만 생각하고 무엇이라도 해볼 수 있는 시간이었어요. 그 고요한 시간에 오히려 저는 생기를 되찾았어요. 마음 가는대로 책을 읽고 글을 썼고, 그 시간에 비축해둔 에너지로 아이들이 일어나면 여유롭게 책을 읽어줄 수도 있었어요. 새벽에 일어나 아침을 길게 쓰는 것만으로도 마음이 너그러워졌고, 불안하고 조급한 마음이 누그러졌어요. 내가 시간을 선택하는 것이야말로 나만의 온도를 유지하는 방법이었습니다.

하루를 잘 지냈다는 나만의 기준이 있나요?

잠자리에 누워서 마음이 어땠는지 돌아봤을 때 편안하다면 그날 하루는 잘 보낸 거예요. 아이와 잠자리에서 책을 읽고 뒹굴거리며 일과를 이야기해보는데요, 쓸데없는 것 같은 말일지라도 이 말 저 말 쏟아내다가 스르르 잠드는 날은 성공한 날이에요.
특히 오늘도 성공이다, 아니다 하는 저만의 기준은 '나를 위한 선택'을 했느냐, 안 했느냐예요. 아주 사소한 것일지라도 내 마음이 가는 일, 나를 돌보는 일을 했느냐가 중요해요.

전 뚜벅이에 길치여서 길을 헤맬 때가 많아요. 길을 잃었다는 것만 두고 보면 시간 낭비, 체력 낭비. 이렇게 망친 하루가 없죠. 하지만 길 잃은 그 사실을 그냥 인정하는 거예요. 이미 일어난 일이니 어쩔 수가 없어요. 다만 거기에 매몰될지 빠져나올지 그 선택은 내가 할 수 있더라고요. 길을 헤매는 와중에 그래도 내가 좋아하는 노래를 선곡해서 마음껏 들었다면 그 시간은 음악을 감상하기 위해 산책한 시간이 될 수도 있는 거죠. 또 퉁퉁 부은 내 두 다리를 위해 평소에는 타지 않는 택시를 기꺼이 타기로 한 결정은 오랜만에 나에게 투자할 기회가 주어졌다고도 생각할 수 있고요. 이처럼 생각을 전환하면 실패가 아닌 성공한 하루가 되는 거더라고요. 실패와 성공은 한 끗 차이라는 말처럼 '나를 위한 선택'도 때론 아주 사소하고 작은 것이라는 생각이 들어요.

일상에서 기쁨을 느끼는 순간은 언제인가요?

하루 중 한 끼라도 맛있게 먹었다는 기분이 들 때나 제 취향의 디저트 가게를 발견했을 때죠. 포르투갈의 장인이 만들었을 법한 진하고 부드러운 에그타르트를 만났을 때, 부산 서면시장에서 맛보았던 달큰하고 찐득한 '단짠' 떡볶이를 먹을 때 기쁨을 넘어 감사함을 느끼게 돼요. 어렸을 때 먹었던 옥수수 맛 '쫀드기'를 슈퍼에서 2+1으로 사서 아이들 몰래 먹을 때의 쾌감도 만만치 않고요. 아, 최근에는 매일 아무 생각 없이 출근하는 오르막길에서 길을 헤매다 우연히 맛있는 커피집을 발견했거든요. 그때도 그런 기분을 느꼈네요.

그러고 보니 전 먹는 것에서 기쁨을 많이 느끼는 타입인 듯해요. 다른 건 유난히도 무난한 걸 선호하는데 먹는 것만큼은 제 취향이 확실하기 때문인 것 같아요. 일상에서 내 취향에 맞는 무언가를 만날 확률은 그다지 높지 않기 때문에 그걸 행운이라고도, 기쁨이라고도 부를 수 있는 것 같아요. 자기만의 취향을 발견하고 그걸 누릴 때야말로 가장 나다운 시간이지요.

자기만의 취향을 발견하고 그걸 누릴 때야말로 가장 나다운 시간입니다.

힘들고 지칠 때 어떻게 리프레시하나요?
혹은 힘든 하루를 무사히 넘기는 나만의 방법이 있나요?

머리가 복잡할 땐 몸을 움직이는 게 최고인 것 같아요. 몸이 피곤할 땐 욕조에 뜨거운 물을 받아 몸을 푹 담그고 음악을 듣기도 하고 책을 읽기도 하고 달콤 시원한 요구르트를 마시기도 합니다.

뜨거운 물로 푹 익은 몸을 깨끗이 씻고 나면 새로 태어나는 기분이 든달까요. 묵은 때가 벗겨지듯 힘든 일도, 케케묵은 고민도 싹 사라지는 것 같은 느낌이에요. 목욕을 하고 푹 자고 나면 다음 날은 어제의 일을 홀랑 까먹고 말아요.

유난히 아이들이 말을 안 듣고 저도 예민하거나 컨디션이 별로인 날이 있어요. 그런 날은 아이들에게 소리치고 잘잘못을 설명하는 대신 "잘했군 잘했어"라고 말하면서 신나는 노래를 틀어놓고 아이들과 춤을 춰요. 노래에 맞춰서 손을 잡고 방방 뛰다 보면 어느 순간 다 같이 까르르 웃고 있더라고요. 그렇게 웃으면서 땀을 흘리고 나면 꽉 막혀 있던 마음에 구멍이 숭숭 뚫리는 것 같아요.

엄마들의
도서관 활용법

블로그 blog.naver.com/plucky11
인스타그램 @geulbit_writer
브런치 brunch.co.kr/@geulbit

- 도서관 독서 모임에서 꾸준히 책 읽고 글을 쓰다가 작가가 된 엄마.
- 도서관이 좋아서 자원봉사를 하다가 사서가 된 엄마.
- 도서관에서 자녀 독서 교육 강의를 듣고 집에서 실습을 하다가 다른 아이들을 가르치는 독서 지도 선생님이 된 엄마.
- 도서관에서 재능 기부를 하다가 도서관 정규 프로그램 강사가 된 엄마.

 누구 이야기일까요? 평범한 엄마들의 이야기입니다. 아니, 평범하지만 도서관 강의나 프로그램에 참여하다 자신도 모르게 성장한 엄마들의 이야기예요.

 아직도 도서관을 책만 보는 곳이라고 생각한다면 찜질방은 목욕만 하는 곳이라 생각하는 것과 같은 격이지요. 도서관은 매일 사람과 사람이 만나고, 배움과 성장이 무르익는 곳입니다. 우연히 참여한 프로그램이 잊고 있던 꿈과 연결되는 뜻밖의 행운을 만나게 되는 곳이기도 하고요. 특히 요즘같은 언택트 시대에는 마음만 먹으면 전국 어느 도서관의 강의라도 참여할 수가 있어요. 물론 그러기 위해서는 프로그램을 많이 운영하는 도서관이나 내가 원하는 종류의 강의를 자주 여는 도서관, 아니면 집 근처 도서관 홈페이지를 즐겨찾기 해놓고 수시로 방문하는 노력이 필요해요. 부지런한 새가 먹이를 잡습니다. 그 먹이가 씨앗이 되어 나의 정원에 꽃과 열매를 맺게 해줄지도 몰라요.

 〈아이가 잠들면 서재로 숨었다〉라는 책 제목처럼 우리는 마음이 힘들고 지칠 때 어딘가 숨고 싶은 곳이 필요합니다. 집 베란다는 어쩐지 좀 쓸쓸하고, 혼자 쇼핑을 하거나 영화를 보는 것도 피곤하다는 생각이 든다면 도서관으로 가보세요. 도서관은 모든 이를 환대하고 모두에게 열려 있는 세상에서 문턱이 가장 낮은 곳이에요.

가지런히 놓여 있는 책장 사이를 거닐다가 읽을지 안 읽을지 알 수 없지만 눈에 들어오는 책 한 권을 골라보세요. 그 책을 앞에 두고 잠시 앉아 있는 것만으로도 마음이 진정되고 차분해질 거예요. 그러다 우연히 발견한 책이 뜻하지 않게 해답을 주거나 위로를 건넬 수도 있고, 그 책에 빠져들어 읽다 보니 마음에 다시 생기가 돌아 도서관 문을 박차고 나가게 될지도 모르지요.

도서관은 모두에게 열려 있는 세상에서 문턱이 가장 낮은 곳이에요.

무언가 시작하고 싶을 때, 내가 어떤 것에 관심이 있는지 궁금할 때도 도서관은 좋은 아이디어 창구가 됩니다. 신간 도서 코너를 돌며 요즘 트렌드를 살펴보거나, 다양한 잡지를 들춰보다가 사진이나 칼럼에서 영감을 얻을 수도 있어요.

정보를 찾기 위해 컴퓨터나 스마트폰을 뒤지고, 유튜브를 통해 자기 계발을 하며 자극을 받는 일상이 피곤할 때가 있어요. 그렇다고 가만히 쉬고 있기에는 또 불안하고 그럴 때 도서관은 나만의 속도와 방식으로 정보를 수집하고 쌓아갈 수 있는 장소가 되어줍니다. 나를 발견하고 재창조하는 능동적인 휴식 시간을 가지기에 이보다 더 좋은 곳이 있을까요.

도서관에 한 번도 안 가봐서, 복잡하고 불편해 보여서, 아이 데리고 가면 왠지 "죄송합니다"만 무한 반복하고 나와야 할 것 같아서 도서관과의 거리가 계속 좁혀지지 않는다면 일단 한번 이용해 보는 걸 추천합니다.

이제 모바일 하나면 있으면 도서관 책을 검색하고 빌리고 예약하고 프로그램에 참여하는 모든 것이 한 번에 다 가능한 시대예요. 도서관에 갈 시간조차 없이 바쁘다고 해도 걱정하지 마세요. 24시간 꺼지지 않는 스마트 도서관이 있으니까요. 편한 시간에 지하철역에 들러 신청한 책을 찾고 다시 그 자리에 반납하는 것, 007 작전만큼이나 재미있어요. 또 모두의 서재이자 나만의 서재인 도서관에는 동네 책방에만 파는 책도 도서관에 비치해 달라고 당당히 신청할 수 있는 시스템이 마련되어 있답니다.

그뿐인가요. 한 번, 두 번, 그 이상 자주 가면 우수 회원이라고 책을 더 빌려주고, 가족이 함께 자주 가면 '책 읽는 가족'이라고 상도 주고 상품도 줍니다. 거기다 사서 선생님에게 눈도장을 찍혀 놓으면 내 취향의 책이 새로 들어올 때마다 가장 먼저 알려주는 VIP 대접도 받을 수 있다는 사실!

주말에는 도서관 근처 맛집이나 아이들이 좋아하는 장소를 함께 묶어 도서관 나들이 코스를 짜 보세요. 아이에게 책 좀 안 보냐고 잔소리하는 대신 "이 책은 어때?" 하고 권하고 엄마가 빌린 책도 자랑하며 도란도란 대화 나누는 시간을 한 달에 한 번이라도 가져보는건 어떨까요. 독서 문화란 게 별건가요? 각자 원하는 책을 자유롭게 골라 읽고, 집에 가서도 밥 먹으면서 그 얘기가 툭 튀어나온다면 그게 바로 우리 집 독서 문화가 만들어지는 순간이 아닐까요.

자, 이제 도서관에 가고 싶은 마음이 동하셨나요? 그렇다면 지금 당장 동네 도서관부터 검색해보세요. 의외로 꽤 괜찮은 도서관이 우리 집 가까이에 있을지도 몰라요.

안
수
희

엄마들의 마음 돌봄과 성장을 위한 '힐링 맘을 그리다' 연구소를 운영하고 있습니다. 자연의 풍경을 보며 얻는 위안과 일상에서 누린 기쁨을 강의와 글로 나누고 있습니다. 인생의 두 번째 스무 살, 여전히 꿈을 꾸며 날마다 나에게 용기를 불어넣고 있습니다.

가족 구성

나(41세), 남편(41세), 아들(10세), 딸(6세),
먹성 좋은 거북이 두 마리

사는 곳

서울시 노원구

일과표

시간	내용
6시 10분	기상, 강해 설교, 버츄카드 필사
7시 30분	아이들 기상
8시 30분	아이들 등교·등원
10시	오전 강의, 글쓰기
13시	아이들 하교·하원
13시 30분	오티움 장소에서 아이들과 놀이
19시	저녁 식사
20시	아이들과 함께 인문학 하브루타
20시 30분	아이들 숙제·독서
22시 30분	취침

하루 동안 꼭 해야 하는 나만의 루틴이 있나요?

　무엇을 좋아하는지 탐색을 끝냈을 무렵부터 나만의 루틴이 생겼어요. 나만의 시간을 확보하기 위해서 이른 아침에 일어나기 시작했습니다. 이른 아침에 일어나 버츄카드를 한 장 뽑아 노트에 필사하는 것으로 하루를 시작합니다. '버츄카드가 뭘까?' 궁금해하시는 분이 계실 텐데요. 버츄카드는 버츄프로젝트에서 개발한 인성교육 도구예요. 버츄카드 속에는 감사, 겸손, 관용, 봉사, 사랑 등 전 세계 모든 문화권에서 소중히 여기는 미덕 가운데 52가지를 선별해 담아 놓았습니다. 미덕의 사전적 의미를 넘어 깊이 성찰할 수 있는 내용이 담겨있죠.

　특히 고민이 있을 때나 지혜로운 답을 찾고 싶을 때 많은 도움을 받고 있어요. 52장의 카드 중 한 장을 뽑아 내용을 낭독하고 필사합니다. 그리고 '이 일의 의미는 무엇일까?', '나는 무엇을 배울 수 있나?', '지금 나에게 필요한 미덕은 무엇일까?' 스스로에게 질문을 던집니다. 버츄카드를 필사하면서 내 안의 문제를 객관적으로 바라보고, 나의 감정을 천천히 바라보는 시간을 경험하게 됩니다. 내 마음을 움직였던 문장과 나를 향한 질문, 나의 느낌을 기록한 필사 노트는 소중한 보물입니다. 그 안에 저만의 해답과 인생의 중요한 히든카드가 담겨 있어요.

지금 같은 일과가 자리 잡기 전에는 하루를 어떻게 보냈나요? 그리고 어떤 계기로 변하게 되었나요?

아이들이 바깥 놀이를 좋아하고, 활동적인 성향이라 함께하는 저 또한 체력 소모가 많은 편입니다. 하루 일과를 마무리하고 나면 몸과 마음이 지친 상태라서 단순한 자극과 재미를 찾는 시간을 보냈어요. 온전한 쉼이 아니었기 때문에 자책감과 후회감이 몰려왔지요.

새벽 루틴을 만들게 된 전환점은 존경하는 멘토와 함께 '아침 지혜독서'를 하면서입니다. 평소의 모습이었다면 용기를 꺼내서 참여하고 싶다는 부탁을 하기 어려웠을 거예요. 아침 독서 모임을 하면서 삶의 방향이 잡히고, 희열감을 경험하니 지속하는 힘이 생겼어요. 올빼미 생활을 하던 사람이 새벽형 인간으로 변하게 된 강력한 힘은 독서 모임 덕분이었습니다.

집에서 일을 한다고 들었습니다. 어떤 일을 하나요?

엄마는 한 생명을 키우며 경이로움을 느끼지만 동시에 나를 잃어버린 것 같은 상실감도 느끼게 되는 것 같습니다. 저 또한 이런 감정을 오랫동안 느껴왔고, 그 무렵 버츄프로젝트를 알게 된 것이 터닝 포인트가 되었습니다.

버츄프로젝트는 미덕을 의미하는 영어 'Virtue'와 힘, 능력, 위력, 에너지를 의미하는 라틴어 'Virtus'에서 유래되었어요. 언어에는 힘이 있고, 미덕의 언어로 아름다운 사람, 아름다운 세상을 만들 수 있는 힘이 있다고 합니다. 제가 정의한 버츄프로젝트는 '나다움'을 찾아가는 마음 돌봄 프로젝트라고 생각합니다.

버츄를 통해 엄마의 마음을 돌보는 일을 하고 싶다는 생각을 했어요. 처음에는 〈버츄프로젝트 수업〉으로 독서 모임을 했어요. 책을 읽으면서 함께 필사를 하고, 서로의 고민을 나누었죠. 독서 모임을 통해 엄마들도 안전한 공간에서 자기 이야기를 하고 싶어 한다는 것을 알게 되었어요. 그런 엄마들을 돕기 위해 버츄프로젝트를 전문적으로 배우고 싶다는 생각을 했습니다. 두 아이를 키우면서 나의 내적 성장을 위해 시간과 돈을 투자하는 것이 쉽지 않았지만 용기를 냈어요.

전문가 과정을 이수하고 강사로 본격적인 활동을 시작하려고 할 때 코로나19 사태가 터져 대면강의가 불가능해졌습니다. 하는 수 없이 비대면 강의를 위한 방법을 새롭게 배우고 익혔습니다.

처음에는 비대면 강의가 낯설고 막막했지만, 반대로 기회가 되었어요. 거리, 날씨와 상관없이 강의를 할 수 있기 때문에 오히려 다양한 지역의 사람들을 만날 수 있습니다. 화면을 통해서도 마음을 나눌 수 있을지 걱정되었지만 마음과 마음은 화면을 통해서도 충분히 나눌 수 있다는 것을 알게 되었습니다. 다만, 한 가지 아쉬운 점은 다정하게 포옹하거나 손을 잡으며 위로해주고 힘을 줄 수 없다는 것입니다.

집에서 일하는 워킹맘으로서 살림과 육아를 모두 해내기 위해 어떤 노력을 하나요?

가장 중요한 것은 삶의 우선순위를 정하는 것입니다. 절대로 양보할 수 없는 것을 제외하고는 가지치기를 합니다. 그리고 가정의 평화를 위해 남편을 관용의 미덕으로 바라보고 있습니다. 관용의 미덕을 한 문장으로 짧게 설명하자면, '내가 바꿀 수 없는 것을 품위 있게 받아들인다'입니다.

남편과 갈등이 생길 수 있는 순간, 버츄의 질문을 해보았습니다. '지금 우리에게 필요한 미덕은 무엇일까?', '이 일을 통해서 나는 무엇을 배울 수 있을까?'라고 자문을 해보게 되었지요. 오랜 시간 노력한 끝에 지금은 서로에 대한 날 선 감정을 앞세우기 보다는 서로를 인정하고 수용하는 사이가 되었어요. 상대방이 잘했을 때, 칭찬해 주는 것도 중요하지만, 실수한 순간 사랑의 에너지로 넘어가는 것이 매우 중요한 것 같아요. 버츄프로젝트를 나 자신에게, 그리고 가족들에게 실행하면서 관계가 회복되는 변화를 경험했어요.

또한 청소하는 시간을 줄이기 위해서 미니멀 라이프를 지향하고 있습니다. 물건을 최대한 비우고, 새로 들이는 물건이 있으면 몇 개는 비우는 것을 규칙으로 하고 있어요. 아이들이 자유롭게 노는 것을 좋아해서 깔끔하게 유지하기 힘들 때가 많아요. 그래도 미니멀 라이프 덕에 청소와 관리가 수월해진 것은 사실입니다.

일상에서 기쁨을 느끼는 순간은 언제인가요?

팬데믹을 경험하면서 일상을 여행처럼 지낸다는 말의 의미는 무엇일까 더 많이 생각하게 되었습니다. 정신과 의사인 문요한 선생의 책을 통해서 '오티움'을 알게 되었습니다. 오티움은 결과를 떠나 활동 그 자체로 삶의 기쁨과 활기를 느끼는 '능동적 여가 활동'을 뜻합니다.

바깥 놀이를 좋아하는 아이들 덕에 집 근처 불암산은 추위, 더위와 관계없이 꼭 가야 하는 필수 코스입니다. 자연스럽게 저에게는

일상의 작고, 소소한 것들이 모여 비범하고 특별한 하루가 됩니다.

불암산이 오티움 장소가 되었습니다.

하루 중 가장 많은 시간을 보내는 오티움 장소에서 인생의 질문과 답을 찾습니다. 그곳에서 유난히 마음 가는 나무 한 그루를 만나게 되었죠. 저는 그 나무에 '에바'라는 이름을 선물했고, 에바의 사계절을 바라보는 기쁨을 누립니다. 특히 추운 겨울을 나는 모습을 통해 생명의 위대함을 느껴요. 마치 인생의 봄을 맞이하기 위해 노력하는 우리 모습과도 닮았더라고요.

에바 앞에서 시간을 보내는 아이들을 바라보면서 충만감을 느낍니다. 때로는 격렬하게 감정을 터트리며 다투는 모습을 보면서, '너희가 살아 있구나', '성장통을 겪고 있구나!' 느낍니다. 일상의 작고, 소소한 것들이 모여 비범하고 특별한 날을 만드는 것 같아요.

하루를 잘 지냈다는 나만의 기준이 있나요?

일단, 아침에 쾌변을 하고 하루를 시작하면 기분이 아주 상쾌합니다. 변비는 아니지만 저에게는 아주 중요한 일이에요. 또한 '아침 지혜독서'와 불암산 산책으로 마음의 근력을 키우는 오티움 활동은 귀중한 하루 일과입니다.

오후에 아이들과 바깥 놀이를 많이 하는 만큼 저에게는 정적인 시간도 무척 중요합니다. 이 둘의 균형이 필요한 순간이 오더라고요. 마음을 돌볼 수 있는 잔잔한 음악을 틀어놓고 몸을 이완시킵니다. 나에게 찾아온 감정이 똬리를 틀지 않게 알아차리고, 흘려보냅니다. 이 시간이 지나면, 환경이 바뀌지 않더라도 마음의 모드가 바뀌면서 하루를 잘 보냈다는 고요함이 찾아옵니다.

힘들고 지칠 때 어떻게 리프레시하나요?

저는 마음이 힘들고 지치는 날, 무조건 불암산으로 향합니다. 잠깐이라도 열린 공간에서 산책을 하면서 나에게 찾아온 감정을 알아차립니다. 한 손에 제가 좋아하는 달달한 바닐라라테가 들려있다면 금상첨화입니다.

지금 바로 어딘가로 훌쩍 떠날 수 없는 환경(코로나19, 일, 육아 등)이지만 두 발로 걸을 수 있고, 달콤한 커피 한잔이 주는 기쁨이 크게 다가오네요. 방금 전까지만 해도 불붙었던 감정이, 조금씩 사그라지고 주변의 아름다운 경치가 눈에 들어옵니다.

큰돈 들이지 않아도, 어떤 옷차림으로도 갈 수 있는 곳. 나만의 오티움 장소가 있다는 것은 정말 축복이라고 생각해요.

버츄퍼실리테이터가 소개하는 나를 돌아보는 질문

블로그 blog.naver.com/anna1731

버츄프로젝트를 알기 전에는 삶에서 일어나는 일을 문제집 풀 듯이 정답을 찾아 헤맨 것 같아요. 특히 아이들과의 관계에서 더욱 힘이 들어갔죠. '실수하지 말고, 아이에게 좋은 엄마가 돼야 해'라는 강박이 있을 정도로요. 평소에는 꾹 참다가 유난히 기운 빠지고 힘든 날, 아이 앞에서 무너져 내리는 나를 발견하고는 마음이 너무 아팠어요. 그동안 내가 노력한 모든 것이 무의미하고, 원망스럽기도 하고, 하염없이 눈물이 쏟아진 날도 많았습니다.

눈물을 닦으며 다시 일어나고 주저앉기를 반복하다가 지인의 추천으로 책 한 권을 만나게 되었어요. 제 인생 책 중 하나인 권영애 선생의 〈버츄프로젝트 수업〉입니다.

"인간의 변화는 자기 에너지를 인식하는 게 출발이다." 이 한 문장이 가슴속을 파고들었어요. 그 당시 제 마음속에 두려움의 에너지가 있었더라고요. '아, 지금 내 마음이 두렵구나', '응급 상황이라고 생각해서 두려운 마음이 몰려온 거구나!'라고 알아차리는 순간, 에너지를 전환할 수 있다는 것을 배웠습니다.

어떤 상황을 보고 두려움을 느끼면 안 되는 것이 아니라, 내 마음의 에너지를 알아차리면 된다는 글이 제 마음을 가볍게 해주었어요. 내 마음의 에너지를 알아차리고, 실패하고 실수하는 순간이 바로 자존감을 회복하는 골든타임이라고 생각하고 있어요.

처음에는 어색하고 낯설지만 의도적으로 나의 무의식에 인정과 격려의 말을 저장해두는 거예요. '잘하고 있어', '오늘 많이 피곤하지?' 가슴 시리고 아픈 날을 위해 나를 일으켜 세우는 말을 미리 저장해두는 거죠. 그러면 정말 필요한 순간 나를 보듬어줄 거라고 믿어요.

실패하고 실수하는 순간이 바로 자존감을 회복하는 골든타임입니다.

버츄프로젝트에는 다섯 가지 전략과, 나를 돌아보는 질문이 있어요. 내 마음을 따뜻하게 돌보기 위한 몇 가지 질문을 소개합니다.

1. 지금 내 삶의 어떤 상황·활동·관계가 내 에너지를 고갈시키는가?
2. 내가 가장 두려워하는 것은 무엇인가?
3. 나는 무엇에 대해 죄책감을 느끼는가?
4. 내 시간과 에너지를 쓰면서까지 변화시키고 싶은 것은 무엇인가?
5. 내 삶에서 무엇을 덜어내고 싶은가?

여러분도 종이를 펼쳐 놓거나 컴퓨터를 켜고 쭉 적어보는 시간을 가져보세요. 아래 내용은 제 이야기를 써본 거랍니다. 참고하세요.

1. 지금 내 삶의 어떤 상황. 활동. 관계가 내 에너지를 고갈시키는가?

집에서 일하는 시간이 많다 보니 육아와 일의 균형을 잡기가 어려워요. 좋아하는 일을 하면서 육아를 병행할 수 있다는 점이 가장 만족스럽지만, 체력적으로 힘들 때가 많아요.

2. 내가 가장 두려워하는 것은 무엇인가?

가슴 뛰는 일을 하기 위해 씨를 뿌리는 시간을 보내고 있는데요, 그 결과에 대한 두려움이 있는 것 같아요. 결과를 아직 알 수 없어서 그

럴까요? 여유롭게 바라보고, 끝까지 완주하고 싶어요.

3. 나는 무엇에 대해 죄책감을 느끼는가?

버츄를 알기 전에는 엄마로서 느끼는 죄책감이 컸던 것 같아요. 하지만 지금은 죄책감이라는 단어에 덜 휘둘리게 되었어요. 반면에 일을 시작하고 나서 자신에게 굉장히 엄격하다는 것을 알게 되었습니다. 스스로를 몰아세운다는 생각이 들 때 나에게 미안함을 느낍니다.

4. 내 시간과 에너지를 쓰면서까지 변화시키고 싶은 것은 무엇인가?

엄마의 세계가 깊어지면 아이는 자연스레 드나들며 건강하게 성장한다고 생각해요. 아이들과 바깥 놀이로 많은 시간을 보내고 있는 반면 일이 바쁜 남편과 함께하는 시간은 부족한 편입니다. 한 달에 한두 번 정도 남편과의 오붓한 시간을 보내고 싶어요.

5. 내 삶에서 무엇을 덜어내고 싶은가?

예전에는 '무엇을 채울지'가 고민이었어요. 채우는 것에 집중할수록 속도를 유지하기보다는 조급함이 밀려 오더라고요. 여유와 여백이 있는 삶을 위해 '비교하는 마음'을 덜어내고 싶어요.

---

§ 출처: (사)한국버츄프로젝트

마음으로 듣습니다

서
현
정

인생의 소박한 이야기를 담은 시를 읽고 낭독합니다. 소리를 통해 진솔한 마음을 나누는 라디오를 사랑합니다. 꿈 상자에서 꺼낸 라디오 전원을 켜니 공동체라디오 DJ가 되었습니다. 자연과 함께 비움과 채움을 반복하며 다시 '나'를 찾아가는 중입니다.

가족 구성

나(48세), 남편(51세), 아들(19세), 아들(16세), 딸(10세)

사는 곳

대구시 달서구

일과표

5시 30분	기상, 아침 루틴
6시 30분	아침 식사 준비, 첫째 등교
7시 30분	아침 식사, 둘째·셋째 등교
9시	휴식, 집 안 정리
10시	라디오 생방송 또는 글쓰기, 그림책 모임, 북클럽
15시	아이들 하교 후 간식
16시	하브루타 스피치 수업(주 2~3회)
19시	저녁 식사, 휴식
22시	가족들과 '나의 하루'에 대해 하브루타 하기
23시	하루 정리, 취침 준비
24시	취침

하루 동안 꼭 해야 하는 나만의 루틴이 있나요?

 초·중·고등학생이 모두 있는 집이라 각자의 개성과 관심사, 그리고 취침 시간도 저마다 다릅니다. 늦은 밤까지 나만의 시간을 만들기가 어려워 가급적 새벽 시간은 '나'를 위해 보내려고 노력해요. 감사기도와 함께 눈을 뜨고, 모닝 독서와 시 낭독으로 하루를 시작합니다.

 요즘 읽고 읽는 책은 가수 양희은 씨의 〈그러라 그래〉입니다. 가끔 길을 잃은 것 같다고 느껴지는 저에게 위로의 말을 건네는 것 같아 참 좋더라고요. 마음을 두드리는 글은 따로 메모해둡니다. 진행하고 있는 공동체라디오 프로그램의 청취자도 저처럼 공감하리라는 믿음으로 라디오 원고에 담기도 합니다.

 여름이 되면 베란다 창문을 두드리는 장맛비 소리가 좋아 손을 내밀어볼 정도로 빗소리를 좋아합니다. 손바닥에 닿는 시원한 느낌의 빗줄기. '타닥 타다닥' 빗소리가 담긴 피아노 찬양 연주곡 감상은 급한 성격의 제가 하루를 차분하게 시작할 수 있는 꿀 팁 중 하나예요. 리듬을 타고 귓가에 들리는 빗소리에 맞춰 나직이 시를 읽어요. 고요한 새벽, 지저귀는 새소리와 새벽 공기를 가르는 버스 소리, 그리고 바람에 흔들리는 버티컬 블라인드 소리도 새벽 시간의 배경음악이 됩니다.

하루를 잘 지냈다는 나만의 기준이 있나요?

　집만큼 편안한 공간이 있을까요? 하루 일과를 마치고 나면 베란다 캠핑 의자로 향합니다. 오늘 하루, 각자의 이야기를 나누는 시간이 더없이 행복해요. 대부분 저를 포함해 남편과 막내 딸아이, 이렇게 셋이 모이지만 가끔은 두 아들도 동참합니다.

　사춘기의 긴 터널을 지나고 있는 아들들은 자신들이 속한 다른 세계 이야기를 조금씩 풀어내요. 핫한 PC 게임이나 스포츠 이야기를 늘어놓고, 친구 관계나 쏟아지는 수행평가의 괴로움을 토로하기도 하죠. 처음부터 서로 공유하는 이야깃거리가 많지는 않았어요. 드라마와 라디오를 좋아하는 저와 딸, 정치·경제·스포츠에 관심이 많은 남편과 두 아들과의 교집합을 찾기가 어려웠어요. 각각의 톱니바퀴가 잘 돌아가려면 잘 맞춰야 하잖아요. 한 번이 두 번이 되면서 익숙해지고, 이제는 자연스럽게 뉴스와 드라마 이야기를 공유하고 오늘 하루 이야기를 나눕니다.

　하루의 끝, 이야기를 나누며 즐기는 커피 맛은 세상 최고입니다. 신기하게도 저는 아침보다 저녁에 마시는 커피가 더 좋아요. 그날 기분에 따라 고른 원두를 갈아 남편이 크레마가 가득 담긴 커피를 건네줘요. '아, 오늘 하루 잘 보냈다' 생각하며 마시는 한 모금은 쓴 커피임에도 달콤함 그 자체입니다.

베란다를 사랑방처럼 쓰게 된 계기가 있나요?

 2020년 2월 대구는 코로나19로 도시가 마비될 정도였고 어느 곳도 갈 수 없는 셧다운 상황이었어요. 등교 중지, 온라인 수업 시작, 요일별 등교로 인해 아이들은 새로운 시스템에 적응할 시간이 필요했지요. 일상이 무너진 상태가 지속되면서 아이들은 각자 자기 방에서 시간을 보내기 바빴어요. 한집에 있으면서도 서로 얼굴을 보기가 힘들었습니다.

 어느 날 세상 밖 모습을 가장 가까이 볼 수 있는 베란다에서 한참을 멍하니 서 있었어요. 저는 그대로인데 자연은 시간의 흐름에 따라 변하고 있더라고요. 그날부터 베란다에 캠핑 장비를 하나씩 꺼내기 시작했어요. 답답한 일상을 벗어날 유일한 외출 아닌 외출이었으니까요.

 캠핑 의자에 앉아 햇빛과 계절을 느꼈어요. 저 혼자 즐기는 모습을 보고 아이들도 호기심에 베란다 햇빛 샤워에 동참하더군요. 아이러니하게도 코로나19 덕분에 우리 가족은 그동안 바빴던 일상에서 벗어나 '함께'할 시간을 갖게 되었습니다.

 블루투스 스피커로 라디오를 들으면서 아이들과 이런저런 이야기를 나누는 모습은 점점 자연스러워졌어요. 가끔 라면을 끓이기도 하고 고기도 구워요. 맛있는 냄새는 아이들을 방에서 나오게 하는 마법이더라고요. 다음 메뉴를 정하기도 하고 주말에 가족과 하고 싶은 일을 상의하기도 합니다. 이때만큼은 평소보다 더 진지하고 활기차게 이야기가 오가죠.

오전에는 햇살이 따스한 곳이라 살짝 선잠이 들기도 해요. 마음이 조금씩 여유로워지면서 새로운 일상의 패턴을 만들게 됐고, 이곳에서 얻은 에너지가 하루를 살아가는 원동력이 되고 있습니다.

일상에서 작은 기쁨을 느끼는 순간은 언제인가요?

교문을 나서자마자 통화 버튼을 눌렀을 딸에게 걸려온 전화 벨소리. "엄마~ 있잖아~"로 시작하는 딸의 음성은 나른한 오후의 비타민입니다. 그러고 보면 저는 이야기를 하는 것도 좋아하지만 누군가의 이야기를 듣는 것도 참 좋아해요. 일상의 소소한 이야기는 제가 진행하는 라디오 프로그램의 오프닝과 클로징 멘트가 되기도 해요. 저는 공동체라디오에서 마을 소식과 다양한 사람들의 이야기를 소개하는 프로그램을 진행합니다.

라디오에 소개되는 주인공들의 이야기는 소박하지만 강한 힘과 여운이 있어요. 저는 그분들이 재미난 이야기보따리를 술술 풀어내도록 "어머, 그렇군요!", "정말요?"라고 맞장구치며 공감하는 게 다예요. 귀로 듣지만 마음으로 느낍니다. 이게 바로 생방송에만 누릴 수 있는 '찰나'의 묘미죠. 라디오 스튜디오가 카페처럼 편안한 분위기가 됐으면 좋겠어요. 거창하지 않아도 누구나 이야기 할 수 있는 곳이 공동체라디오예요. 그 안에서 '경청'이라는 삶의 덕목을 배우며 지혜를 얻습니다. 게스트들은 마이크를 통해 작은 소리를 내고 마을을 변화시키기도 합니다. 공공도서관을 설립하거나 횡단보도를 만들기도 했으니까요.

하루의 끝 이야기를 나누며 즐기는 커피 맛은 세상 최고입니다.

공동체라디오 프로그램에 참여하게 된 계기와
일을 통해 생활이 어떻게 달라졌나요?

 어릴 적부터 주위 소리에 관심이 많았어요. 카세트테이프에서 흘러 나오던 동화 〈플란다스의 개〉 '네로'와 '아로아'의 목소리, 효과음과 배경음악은 아직도 제 기억에 남아 있어요.

 더 큰 세상을 경험하고 싶었던 20대, 상자 안에 숨겨둔 꿈을 꺼내 무작정 유학을 떠났어요. 하고 싶었던 '라디오'를 배우면서도 외딴섬과 같은 곳에서 홀로 서는 것은 쉽지 않았지요. 라디오에서 흘러나오는 음악을 들으면 위안이 되었어요.

 라디오에 대한 꿈을 마음 한편으로 묻어두었던 30대는 치열한 육아의 시간으로 채웠던 것 같아요. 어느 날 공동체라디오에서 DJ를 해보지 않겠냐는 지인의 제안을 받고 저의 꿈이 다시 꿈틀대기 시작했어요. 40대, 라디오 프로그램을 진행하면서 사람 사는 이야기에 더 귀를 기울이고 라디오 방송을 더 즐겨 듣게 됐어요. 서점 나들이는 또 하나의 즐거움이 됐죠. 책을 읽다가 기억에 남는 구절은 낭독하며 써봅니다. 우연히 '하브루타'를 알게 되었고, 저와 잘 맞아서 에너지를 쏟았어요. 좋아서 즐기다 보니 라디오 진행에 대해 강의도 하고 스피치 강사, 그림책 선생님으로 여러 사람과 소통하는 기회도 얻게 되었습니다.

세 아이의 엄마로서, 다양한 일을 하고 계시네요.
하루의 균형을 어떻게 맞추나요?

라디오 진행자, 스피치 강사, 그리고 그림책 선생님 모두 어느 하나 버릴 것 없이 소중합니다. 그렇다고 집안일과 아이들에게도 소홀히 할 수 없죠. 늦은 나이에 다시 시작해 더 잘해내려고 안달하던 때, 짜증을 내기도 하고 잔소리가 심해지니 아이들과 거리가 점점 멀어졌어요.

엄마바라기인 아이에게 부모라는 이유로 격려보다는 비난의 말을 토해낸 적이 있었음을 고백합니다. 엄마 말을 잘 듣고 있다는 안도와 착각은 오래되지 않아 깨졌죠. 잠시 묵혀두었던 아이들의 감정이 폭발했습니다. 사춘기를 심하게 겪은 아이는 소리와 몸짓으로 반항했고, 저도 서운함에 함께 격해졌어요. 순간 마주했던 제 민낯이 고스란히 느껴졌고, 흐르는 눈물에 가슴을 쓸어내리며 깨달았어요. 그저 사랑을 줄 뿐 바라는 건 아니었는데, 그저 마음을 읽어줄 뿐 내 감정을 보태는 건 아니었다는 사실을 말이죠.

긴 침묵을 깨고 아이들에게 용기를 내어 "미안하다, 미안하다, 미안하다"를 반복했어요. 똑같은 과정을 몇 번 거치면서 뾰족한 가시 같았던 아이가 동글동글해졌고, 아이들은 이전보다 더 자주 베란다 캠핑 의자에 앉습니다. 잊을 만하면 저는 이야기해요. "미안해, 엄마도 엄마가 처음이잖아." 아이도 이야기합니다. "미안해요, 엄마. 저도 아들이 처음이잖아요."

하루 끝에 모여 함께하는 시간이 즐거운 이유는 서운한 마음이 있을 때 주저 없이 이야기할 수 있기 때문입니다. '그래, 너도 이유가 있겠지, 그럴 수 있겠지' 생각합니다. 하나 더, 아이들을 있는 그대로 인정하기 위한 저만의 방법이 있다면, 스피치 강사로서 강조하는 복식호흡 자세를 기억하는 것입니다. 잠시 심호흡하고 '후' 하고 숨을 내쉬며 3분 정도 기다리는 것이 화를 참는 비결입니다. 저도 아직 훈련 중이에요.

힘들고 지칠 때 어떻게 리프레시하나요?
혹은 힘든 하루를 무사히 넘기는 나만의 방법이 있나요?

저는 힘들고 지칠 때 사람을 만나 위로받는 경우가 많아요. SNS에 올라오는 핫플보다는 고즈넉한 골목길이나 자연의 소리가 있는 공원으로 발길을 옮깁니다. 쭉쭉 뻗은 초록빛 나무 주위를 걸으며 의식의 흐름대로 이런저런 이야기를 나누다 보면 걱정도 사라집니다. 좋아하는 사람과 한 시간 남짓 바람 소리, 새소리를 들으며 한 바퀴 돌고 난 후 아메리카노를 마시며 삶의 고민도 풀어놓습니다. 평범한 일상의 산책길에서, 그리고 습지나 공원 등 자연에서 비움과 채움을 반복하며 나를 다독이는 시간을 가집니다. 매일 같은 길을 걸어도 매번 다른 느낌이 듭니다.

  사는 것이 드라마나 영화 속 주인공처럼 원하는 대로 흘러가지는 않는다는 것을 몸으로 인정한 때가 마흔 넘어서입니다. 이제야 세상의 유혹에 미혹되지 않을 지혜와 여유가 생기고 제 안의 어린 자아를 보듬어 자유로워지고 나니 가족의 이야기에 좀 더 귀를 기울일 수 있더군요. 15초 정도 사랑하는 가족을 꼭 안아봅니다. 그저 아무 말 없이 부드럽게 쓰다듬어요. '그렇지, 이래서 내가 있지' 하는 뭉클함이 전해집니다. 영문도 모른 채 꼭 안기는 가족에게 에너지를 충전 받습니다. '오늘은 참 아름다웠다. 그렇지?' 생각하며 하루를 마감해요. 저에게는 이것이 평범한 일상에서 행복을 느끼는 방법입니다.

나에게 집중하는 시간, 그림책 하브루타

블로그 blog.naver.com/romantiktima
인스타그램 @helena.hyunjung

하브루타(Havruta)는 친구를 뜻하는 히브리어 'Haver'에서 유래했어요. 함께 짝을 지어 서로 질문을 주고받으며 토론하는 유대인의 전통적인 교육 방법이지요. 친구는 물론 부모님이나 선생님도 짝이 될 수 있어요. 다들 짐작하셨겠지만 하브루타에서는 질문이 중요해요. 하브루타를 통해 아이와 질문과 대답을 주고받다보면 아이의 생각뿐 아니라 자신을 알아가게 될 거예요. '그래, 너는 이렇게 생각하는구나!' 하다가 불현듯 '아, 내 마음은 이렇구나!' 하고 내면의 나를 발견하게 됩니다.

그림책은 아이가 보는 책이라는 고정관념을 깨고 혼자 있는 시간에 한번 읽어보세요. 좋아하는 음악과 함께라면 더 좋죠. 편안한 장소에서 하브루타 시간을 가지며 내 마음을 읽어봅니다. 이때만큼은 오롯이 나에게 집중하는 시간입니다. 이보다 더 좋은 나와의 대화는 없을 거예요. 낭독을 하거나 녹음을 하는 것도 좋습니다.

무엇보다 부모인 내가 먼저 편안하고 행복해야 아이와의 관계도 좋아집니다. 혹시 모를 불행 앞에서도 금세 회복할 수 있도록 회복 탄력성을 키우는 것도 필요해요. 내 안의 마음을 다스리고 토닥이며 "괜찮아", "오늘도 수고했어", "그럴 수도 있지", "다시 해보자" 등 스스로를 격려해주세요. 그런 의미에서 가족에 대한 희망의 메시지가 떠올라 꺼내 든 책이 베라 B. 윌리엄스가 쓴 〈엄마의 의자〉입니다.

〈엄마의 의자〉 표지를 한번 살펴보세요. 충분히 느끼셨나요? 이제 책장을 넘길게요. 〈엄마의 의자〉는 블루 타일 식당에서 일하는 엄마와 할머니, 그리고 나에 대한 이야기예요. 이들 세 사람은 커다란 유리병에 동전을 채우죠. 병이 가득 차면 멋있고, 아름답고, 푹신하고, 아늑한 안락의자를 살 예정입니다. 사실 작년에 집에 큰 불이 나서 소파와 가구가 모두 타버렸어요. 하지만 세 사람은 희망을 가지고 유리병에 동전을 채웁니다. 반짝이는 동전을 유리병 속에 하나씩 채우는 기분을 상상해보세요. 모두가 꿈꾸던 안락의자가 집에 온 날, 이들은 얼마나 행복했을까요? 이제 벨벳 바탕에 장

편안한 장소에서 하브루타 시간을 가지며 내 마음을 읽어봅니다.

미꽃 무늬가 가득한 의자에 앉아 편안하게 쉴 수 있겠죠.

〈엄마의 의자〉는 저자인 베라 B. 윌리엄스의 또 다른 책 〈내게 아주 특별한 선물〉, 〈우리들의 흥겨운 밴드〉와 연결해서 읽으면 좋습니다. 이 세 권은 '벨벳 바탕에 장미꽃 무늬가 가득한 안락의자'와 '커다란 유리병'이 연결 고리 역할을 합니다. 주인공 로사가 풀어내는 이야기를 듣고 있으면 부유하지는 않지만 정을 나누며 살아가는 '가족'의 따뜻한 마음을 그대로 느낄 수 있답니다.

하브루타 질문은 이렇게 만들어요.

- 육하원칙을 기본으로 물어봐요.
- 사실에 대해 확인하며 질문할 수 있어요.
- 내용을 상상해서 물어볼 수 있겠죠.
- 나에게 적용하면서 질문해요.
- 작가의 의도나 교훈에 대해 질문할 수 있어요.

〈엄마의 의자〉를 중심으로 하브루타 질문을 해볼게요.

- 나에게 '엄마'란 어떤 의미인가요?
- 〈엄마의 의자〉에 나오는 의자처럼 편안하게 쉴 곳이 있나요?

- 나만의 공간을 어디에 만들고 싶은가요?
- 유리병이 채워질 때 기분이 어땠을까요?
- 로사 가족이 웃음을 잃지 않을 수 있었던 이유는 무엇일까요?
- 나와 내 가족이 행복한 순간은 언제일까요?
- 나만의 안락의자를 그려봐요. 어떤 색과 모양인가요?
- 나를 위한 특별한 선물을 상상해봐요.
- 그림책처럼 엄마 품에 안겨 잘 때 어떤 느낌인가요?

어때요? 질문이 그리 어렵진 않죠? 책 내용을 먼저 생각해보는 거예요. 〈엄마의 의자〉 제목에서 느껴지는 것이나 '엄마'라는 단어를 들었을 때 떠오르는 감정에 머무릅니다. 엄마는 무엇을 해줘서 좋은 것이 아니라 존재 자체로 따뜻하고 포근하잖아요.

자, 이제 더 다양하고 재미있는 질문이 생길 거예요. 질문을 주고받으며 아이와 대화하거나 스스로에게 질문을 던져보면서 마음을 다독이세요. 뭉클한 느낌에 눈물이 고이면 그 감정 그대로 인정하고 토닥여봐요. 여러분은 〈엄마의 의자〉 속 '엄마의 의자'처럼 편안한 나만의 공간이 있는지 생각해보기를, 그리고 나를 위한 공간을 다시 열어보길 바랍니다.

오늘은 지금까지 수고한 나에게 나만의 의자, 나만을 위한 선물을 준비하면 어떨까요. 하나 더, 여러분의 엄마에게 안부 전하는 것도 잊지 마세요.

잠깐! 저자에 대해 소개할게요.

베라 B. 윌리엄스(Vera B. Williams)는 미국 캘리포니아에서 태어났다. 그는 주로 가족, 이웃, 친구, 동료들의 이야기를 소재로 돈이나 물질적 가치보다 여럿이 함께 사는 즐거움이나 사람들 간의 따스한 정을 다루었다. 어린이와 어른 모두에게 진한 감동을 불러일으키는 그림은 마치 어린이가 그린 것처럼 매우 단순한 것이 특징이다. 〈엄마의 의자〉, 〈한 번만 더, 한 번만 더, 한 번만 더〉로 칼데콧 아너상을 수상했다.

---

§ 저자 소개 출처: 시공주니어 홈페이지

이제는 뛰지 않고
걸으려 합니다

서정금

나무에 미안한 글을 쓰고 싶지 않은 두 아이의 엄마이자 유치원 교사입니다. 무슨 일이든 열심히 하다가 번아웃을 경험하고 제주에서 2년을 지내며 몸과 마음의 건강을 되찾았습니다. 무기력과 우울감을 극복하고 나이 마흔에 진짜 인생을 시작하려고 합니다.

가족 구성

나(40세), 남편(45세), 아들(10세), 아들(8세)
반려견 꼬미

사는 곳

경기도 수원시

일과표

(주말 일과)

6시	기상, 나만의 시간(글쓰기, 독서, 다이어리 정리, 운동)
7시 30분	가족 기상
10시	프랑스자수 수업 수강, 아빠와 두 아들만의 시간
13시	점심 식사
14시	장보기, 공원 산책 등 오후 일과
18시	저녁 식사 후 가족과 함께 영화나 TV 시청
21시 30분	취침

워킹맘의 주말 모습을 소개해주세요

바쁘게 살면서 느끼는 성취감을 중요하게 생각했습니다. 계절마다 아이들을 위한 체험 프로그램과 전시회, 관광지 투어를 다이어리 가득 빽빽하게 계획하고 실천하는 엄마의 모습이 멋진 거라고 생각했습니다. 워킹맘이 주말마저 완벽하게 살아내려고 애쓰던 시간이었습니다. 아이들을 위한다고 준비한 체험 프로그램이 정말 아이들을 위한 시간이었을까요?

워킹맘에게 주말은 휴식하는 시간이지 또 다른 성과를 내는 시간이 아닙니다. 아이들은 엄마와 침대에서 뒹구는 5분, 아파트 단지 내 공원을 걸으며 다정하게 이야기하는 시간만으로도 행복해한다는 것을 조금 늦게 깨달았습니다. 지금은 주말에 무리한 일정을 소화하는 대신 가족끼리 맛있는 음식을 만들어 먹거나 동네 맛집 탐방, 산책, TV 시청, 보드게임 등으로 시간을 보냅니다.

스케줄이 많은 주말은 일정을 조정해서 느슨하게 보내려고 신경 씁니다. 가족 모두 자연을 좋아해 한여름과 겨울을 빼고 한 달에 두 번 정도 캠핑을 갑니다. 우리 가족에게 캠핑은 초록 세상에서 마음껏 숨 쉬는 시간입니다. 캠핑장에서 맞이하는 새벽은 제가 사랑하는 시간입니다. 촉촉한 공기, 감미로운 음악, 따뜻한 커피 한잔이 주는 위로와 고요한 혼자만의 시간을 통해 에너지를 충전합니다.

하루 동안 꼭 해야 하는 나만의 루틴이 있나요?

　새벽에 일어납니다. 일찍 잠자리에 들기 때문에 일찍 일어나는 것이 힘들지는 않습니다. 몇 년째 이어지다 보니 습관이 되기도 했고요. 아침 일찍 일어나 차를 마시고 글을 쓰거나 다이어리를 정리하면서 차분하게 하루를 시작합니다.

　저는 번아웃과 우울증을 경험하며 건강한 몸에 건강한 정신이 깃든다는 사실을 몸으로 깨달았습니다. 그래서 하루 한 시간 이상 운동을 하고 5,000보 이상 걷기 위해 노력합니다. 집 근처 센터에서 주 3회 필라테스를 합니다. 필라테스를 못 가는 날은 집에서 요가를 하거나 아파트 단지 내 공원을 걷습니다.

　일주일에 한 권 정도 책을 읽기 위해 매일 잠들기 전이나 새벽 시간에 독서를 합니다. 침대 머리맡 협탁에는 언제나 책이 있어서 시간이 날 때마다 읽으려고 노력합니다.

하루를 잘 지냈다는 나만의 기준이 있나요?

　순간순간 행복감을 느꼈다면 그날 하루는 잘 보냈다고 생각합니다. 많은 일을 해내며 숨 가쁘게 살 때는 바쁜 하루를 보낸 후 느끼는 성취감이 행복인 줄 알았습니다. 그런데 그런 일상이 이어지자 번아웃이 왔습니다. 이제 뛰지 않고 걸으려 합니다. 일정이 너무 많은 날에는 아예 취소하거나 날짜를 조정해서 여유 있는 하루를 보내려고 합니다. 그런 날 행복감이 더 잘 느껴지는 것 같습니다.

일상에서의 기쁨을 느끼는 순간은 언제인가요?

 새로운 사람을 만났는데 금방 친해질 때, 고마운 친구에게 커피 기프티콘을 보낼 때, 도서관에서 책을 읽을 때, 프랑스자수를 할 때, 글을 쓸 때, 꽃을 사서 꽂을 때, 길에서 마주한 들꽃 향기를 맡을 때, 따뜻한 커피에 맛있는 스콘을 한 입 베어 물었을 때, 햇빛에 바삭하게 마른 수건에 얼굴을 비빌 때, 기대했던 것보다 멋진 음식을 마주했을 때, 친구에게 깜짝 선물을 받았을 때, 가족의 웃는 모습을 봤을 때, 자고 일어나 남편이 팔다리를 주물러줄 때, 음식을 할 때, 아이들과 즐거운 시간을 보낼 때, 바퀴 달린 모든 것을 잘 운전할 때, 낯선 이에게 도움을 줄 때, 캠핑 가서 새벽에 혼자 커피 마실 때, 친구의 기쁨을 내 일처럼 기뻐할 때, 다이어리 정리를 잘할 때, 유치원에서 수업을 잘한 날 등등 너무 많습니다.

순간순간 행복감을 느꼈다면 그날 하루는 잘 보냈다고 생각합니다.

소소한 행복을 잘 캐치하는 것 같아요. 어떤 계기가 있었나요?

사람마다 '인생의 암흑기'라고 부를 만한 유독 힘든 시기가 있다고 합니다. 저는 30대 후반에 그 암흑기가 찾아왔습니다. 일 때문에 바쁜 남편, 멀리 떨어져 있어 도움을 받을 수 없었던 양가 부모님들…. 그 어떤 조력자 없이 엄마니까 해내야 한다는 생각으로 버티며 워킹맘의 삶을 이어가던 중 직장에서 막중한 일을 맡게 되면서 심리적 부담감이 커졌습니다. 이따금 제대로 숨이 쉬어지지 않았고, 가슴을 두드리며 억지로 몰아쉬어야만 가쁜 숨을 내쉴 수 있었습니다. 공황장애였습니다.

남편과 상의 끝에 육아휴직을 했습니다. 몸은 휴식이 필요하다고 신호를 보냈지만 쉬는 방법을 알지 못했습니다. 육아휴직을 하고는 온갖 사교육에 관심을 가지며 조기교육에 열을 올리다가 또다시 공황장애 증상과 우울증이 왔습니다. 번아웃과 우울증을 치유하기 위해 제주에서 2년의 시간을 보냈습니다.

우울증을 경험했기 때문에 일상의 작은 기쁨이 얼마나 소중한지 누구보다 잘 압니다. 우울증을 앓으면 작은 기쁨을 발견할 수도, 느낄 수도 없거든요. 제주에서 생활하던 어느 날 아침, 아이의 볼에 뽀뽀하며 오랜만에 기쁨과 행복의 감정이 느껴져 눈물이 났습니다. 거의 1년을 그런 기분을 느끼지 못하고 살았거든요. 마음이 건강해진 지금은 많은 곳에서 작은 기쁨을 찾고 행복을 만끽하려고 합니다.

힘들고 지칠 때 어떻게 리프레시하나요?
혹은 힘든 하루를 무사히 넘기는 나만의 방법이 있나요?

절망적인 우울증 상태였던 제가 치유되어 이렇게 작은 행복을 누리는 현재가 가끔 기적처럼 느껴집니다. 아프면서 온몸으로 깨닫게 된 명언이 있습니다.

"이 또한 지나가리라." 세상에 영원한 것은 없습니다. 모든 것은 변합니다. 그 사실을 마음 깊이 받아들이면 힘든 하루를 무사히 넘기는 힘이 생깁니다. 힘든 상황도 영원히 계속되지 않습니다. 상황은 바뀐다는 믿음을 가지고 내가 변화되기를 바라는 방향으로 오늘 할 수 있는 만큼 노력을 하면 됩니다.

그리고 그런 날 나만의 리프레시 방법은 잘 먹고 충분히 자는 것입니다. 그런 날일수록 맛있는 디저트와 함께 커피를 마시거나 근사한 곳에서 식사를 하면서 소소한 기쁨을 느끼려고 노력합니다.

제일 중요한 비결입니다. 힘들고 지치는 날엔 온 가족에게 "오늘이다!" 하고 선포한 후 엄마 역할을 잠시 내려놓고 푹 잡니다. 잘 자고 일어나면 내일은 분명 오늘보다 가벼우니까요.

가까운 미래에 이루고 싶은 꿈이나 목표가 있나요?

인생의 목표와 꿈에 대해 많이 고민한 시절이 있었습니다. 거창한 목표나 꿈을 꿨기에 현실은 너무나 갑갑하고 바뀌지 않을 것 같아 답답하고 무기력해지기도 했습니다. 그래서 저는 인생의 목표와 꿈을 가치와 방향으로 바꾸어 생각해보기로 했습니다. 나는 사랑하는 사람과 소통하고 성장할 때 행복감을 느끼는 사람이니까 삶의 방향이 내 가치와 결을 같이하고 있으면 충분하다고 생각합니다. 그렇게 생각을 바꾸고 나자 내 인생에 대한 많은 고민이 간결해지고 명확해졌습니다.

가까운 미래에 작은 꿈과 목표를 가지는 건 참 좋은 일이죠. 언젠가 능력있는 경력 단절 여성들을 위한 일자리를 제공하는 어떤 일을 해보고 싶습니다. 구체적인 방법이나 방향은 모르겠지만 지금 하고 있는 일보다는 역동적이고 진취적인 일을 해보고 싶어요. 그 목표가 이루어지지 않더라도 글을 쓰고 운동을 하는 지금의 습관을 잘 유지하고 사랑하는 사람들과 즐겁게 소통하며 지낸다면 저는 충분히 행복한 사람이라고 생각합니다.

나를 일으킨 제주,
그리고 글쓰기

블로그 blog.naver.com/dice6486

아이를 최고로 키우고 싶은 욕심과 그럴 수 없는 현실 사이에서 답을 찾지 못해 도시에서는 살아갈 자신이 없었습니다. 제주도의 작은 시골 마을로 이사 가서 분교에 아이를 입학시키고 흙냄새, 풀냄새, 바다 냄새 맡으며 자유롭게 뛰어놀게 했어요.

저는 마음 맞는 친구들과 날씨가 좋으면 바다가 보이는 해녀촌에서 낮부터 맥주를 들이켰고, 골프·서핑·승마·발레 등 평소 하고 싶었던 취미생활을 즐기며 하루하루를 채워갔죠. 그리고 작은 분교의 학부모 동아리 회장까지 맡아 하루를 이틀처럼 사는 기염을 토해냈습니다. 지금 생각해보면 저에게 필요한 것은 휴식이었지만 제대로 쉬는 방법을 몰랐고, 마지막 남은 에너지를 쥐어짜면서 또 하루를 최선을 다해 불태우고 있었습니다.

그렇게 1년여의 제주 생활을 끝내고 다시 도시의 집으로 돌아왔습니다. 제대로 마음이 치유되었는지 확인도 하지 못한 채 도시로 돌아온거죠. 거실에서 내려다보이는 빽빽한 아파트는 창살 없는 감옥 같았고 회색빛 도시의 삭막한 겨울 풍경은 마음을 얼어붙게 했습니다.

저는 다시 웃음을 잃고 무기력의 수렁에 빠지기 시작했습니다. 제주앓이라고 하기에는 마음의 병은 깊고 심각했어요. 엎친 데 덮친 격으로 코로나19 상황은 더욱 심해졌고 복직을 해서 출근을 했지만 아이들은 학교와 유치원에 가지 못했습니다. 아이를 맡길 곳이 없어 동동거리는 날들이었습니다. 출근길에 차에서 울다가 겨우 눈물을 닦고 출근하는 날이 허다했습니다. 더는 버틸 수 없는 시점에 다다른 저는 또다시 육아휴직을 하게 되었습니다. 육아휴직이 도망치는 수단이 되어버린 것 같아 자신이 한심했어요. 무책임한 나를 비난하고 죄책감을 느끼며 우울감은 더욱 깊어졌습니다.

휴직 후 매일같이 누워 있었고 수시로 울었어요. 먹지도, 자지도 못하고 무기력하게 하루하루를 보내고 있는 저를 보다 못한 남편이 다시 제주에 가서 요양을 하는 게 어떠냐고 권했습니다. 단, 작년처럼 넘치게 즐기는 것이 아니라 쉬고 치유하는 제주살이를 해보라는 제안이었습니다.

그렇게 제주에서 두 번째 일년살이를 시작했습니다. 지푸라기라도 잡고 싶었습니다. 치유하고 싶었고 이 구렁에서 벗어나고 싶었어요. 그러던 중 줄리아 카메론의 〈아티스트 웨이〉라는 책을 읽고 매일 아침 하얀 노트에 세 페이지씩 아무 글이나 쓰기 시작했어요. 처음에는 한 줄도 쓰지 못해 멍하니 흰 종이만 바라보기도 하고 같은 단어로 한 페이지를 가득 채우기도 했습니다. 그런데 매일매일 쓰다 보니 엄마에 대한 원망, 남편에 대한 서운함, 육아에 지친 저를 위로하는 글로 노트가 채워지고 있었어요. 울면서 글을 쓴 날도 많아서 군데군데 얼룩이 지고 울퉁불퉁해지기도 했습니다.

아이들만 생각하면 미안한 마음에 눈물이 났는데, 며칠간 글로 써보니 그 마음 아래에는 이만하면 괜찮은 엄마라고 저를 인정하고 사랑해주지 않아 상처받은 내면 아이가 있었습니다.

'미안해, 미안해'라고 쓰며 울던 제 노트에는 '괜찮아. 잘했고, 잘하고 있고, 앞으로도 잘할 거야'라며 나를 위로하고 칭찬하는 글이 등장하기 시작했습니다. 기나긴 장마 속 제주에서의 여름을 그렇게 글로 풀어내며 보냈습니다.

글을 쓰는 동안 여름의 열기는 한풀 꺾였고 아침저녁으로 찬 기운이 느껴지며 가을이 왔습니다. 끝나지 않을 것 같은 장마도, 우울도 서서히 막을 내렸어요. 가을이 한가운데에 왔을 때 한 권의 노트가 글로 가득 채워졌습니다. 누구에게도 보여줄 수 없는 저만의 비밀 노트, 제 아픔의 상처를 한 글자 한 글자 새겨 넣은 눈물의 노트였습니다.

어쩐지 조금 힘이 나기 시작했어요. 당장 눈에 띄게 나아진 건 없었지만 무너지기 직전의 다리를 가까스로 건너온 것 같은 안도감이 조금씩 느껴졌습니다. 말로는 풀어지지 않던 감정들이 글로 풀어지면서 마음속 응어리도 서서히 녹아내렸습니다.

어두웠던 마음에 조금씩 빛이 들어오자 몸에도 에너지가 점점 차올라 산책도 나가고 친구도 만날 수 있게 되었어요. 매일 햇빛을 쬐며 한 두 시간씩 올레길을 걸었고, 건강식을 챙겨 먹으며 꾸준히 글쓰기를 하면서 마음을 다잡아나갔습니다. 글쓰기로 몸과 마

지금 생각해보면 저에게 필요한 것은 휴식이었습니다.

음을 치유하며 진정한 쉼을 즐기게 된 것입니다.

  다행히 지금은 글쓰기를 친구 삼아 평범한 삶에 감사하며 살아가고 있어요. 다른 사람을 내 기준으로 삼아 조바심 내던 아이 같았던 제가 내면을 돌볼 줄 아는 어른이 되었습니다. 또 다른 암흑기가 오더라도 이제는 그리 겁나지 않습니다. 힘든 저를 돌봐주고 위로해줄 멋진 '글쓰기'라는 친구가 있으니까요.

이
지
안

두 딸을 키우며 심리학 관련 연구소에서 일합니다. 바지런히 여행 짐을 꾸리고 공동체를 탐하다가 지금은 NGO에서 일하는 남편과 함께 아프리카 잠비아에서 살아보고 있습니다. 진지한 이야기를 좋아하고, 농담과 살림이 세상에서 제일 어렵습니다.

가족 구성

나(41세), 남편(44세), 딸(11세), 딸(9세),
반려견 (쿠디,2세)

사는 곳

아프리카 잠비아

일과표

(잠비아 시간으로, 한국보다 7시간 느립니다)

4시	기상, 아침 루틴(운동, 성경 읽기, 일기 쓰기)
6시	아이들 아침 식사, 등교 준비
7시	재택근무(한국의 오후 근무 시작 시간 2시와 맞춤)
6시 50분	아이들 등교
13시 20분	아이들 하교
14시	점심 식사
15시	아이들과 함께 오후 일과
17시	근무, 마당 산책
18시	저녁 식사
20시 30분	아이들 취침
21시	근무 또는 영어 공부
22시	취침

하루 동안 꼭 해야 하는 나만의 루틴이 있나요?

가족들이 깨기 전, 몸을 돌보고 마음을 살피는 시간을 가집니다. 주로 새벽 4시(잠비아 기준)에 일어나고, 전날 늦게 잠들었다면 컨디션 조절을 위해 조금 더 잡니다. 하지만 5시를 넘기지는 않습니다. 새벽 시간이 넉넉하지 않으면 조급한 마음이 들어 충분히 나를 돌아보거나 느긋하게 몸을 살피지 못하거든요.

눈을 뜨면 먼저 운동을 합니다. 그날 몸 상태를 보고 어떤 운동을 할지 정해요. 몸이 무겁거나 전날 기름진 음식을 먹었다면 집 앞에 나가 땀이 날 때까지 달리고, 컨디션이 좋지 않다면 매트를 깔고 요가로 몸을 깨웁니다. 근력을 키우고 싶거나 소화가 잘 안 된다면 유튜브 선생님들의 도움을 받아 그에 맞는 운동을 해요.

몸이 덥혀지면 책상에 앉아 그날 분량의 성경을 읽고 묵상한 후 운동하는 동안, 혹은 성경을 읽으면서 떠오른 생각을 일기장에 남깁니다.

하루를 잘 보냈다는 나만의 기준이 있나요?

이 질문을 받고 생각해보니 '잘 보내지 못했다'는 느낌이 드는 날은 별로 없는 것 같아요. '이미 벌어진 일은 어쩔 수 없다'고 생각해버리는 제 성향 때문인지도 모르겠어요. 그럼에도 아이와 마주 앉아 길게 이야기를 나눈 날, 마당에서 아이들과 동네 떠나갈 듯 깔깔거리며 논 날, 남편의 고민을 들으며 그의 마음을 헤아려 본 날, 곤란한 상황에 처한 친구에게 작게나마 도움을 준 날은 '오늘 하루 참 좋았다'는 생각이 들어요. 내 삶이 누군가와 연결되어 있다는 기분, 의미 있게 채워졌다는 뿌듯함이 위안을 주는 것 같아요.

그러고 보면 누군가의 이야기에 차분히 귀 기울이거나 친구의 처지를 살펴보는 일은 모두 일상에 공백이 있어야 가능한 거네요. 부지런히 덜어내고 또 덜어내서 하루를 더욱 느슨하게 만들어야겠어요.

일상에서 기쁨을 느끼는 순간은 언제인가요?

이건 잠비아에 와서 생긴 버릇인데요, 저는 창밖을 자주 쳐다보곤 해요. 화장실을 오갈 때도 정원으로 난 창 앞에 서서 한참을 멍하니 내다보기도 하고, 산적한 일에 쫓기고 마음이 소란스러워질 때마다 가만히 창문 앞에 서 있고는 합니다. 잔디를 훑는 바람과 나무에 깃든 새소리, 하늘 높이 뻗은 푸른 가지들을 보고 있으면 순간순간 결정해야 할 일과 고민으로 가득 찼던 머리가 가벼워지고 '지금도 충분히 괜찮다'는 감사한 마음이 차오르거든요. 도시에서 지낼 때는 자연이 주는 힘이 이토록 강력한 것인지 미처 몰랐어요. 눈앞의 자연을 진득이 바라볼 여유조차 없었는지도요.

하루에 한번, 일상을 멈추는 시간을 만들어요.

아직까지도 남편과 서로 "우리가 어쩌다 아프리카에서 살고 있지?"라고 반문해보곤 해요. 수백 년은 묵은 나무들, 해가 질 때까지 그치지 않는 새소리, 건기가 끝날 즈음 거리를 뒤덮는 자카란다 꽃에 마음을 뺏기고, 눈에 띄기 무섭게 도망가버리는 도마뱀과 이름 모를 낯선 곤충을 발견하는 기쁨을 누리며 지냅니다.

하루 중 '멈춤의 시간'을 갖는군요. 어떤 계기가 있었나요?

작년 잠비아에 올 당시 맡은 업무가 많기도 했고, 재택근무로 회사에 폐를 끼치고 싶지 않아 잠자는 시간까지 보태가며 일에 매달렸어요. 두 달 뒤면 이 곳 학교에 입학할 아이들 영어 공부도 봐줘야 하고, 아직 한국 학기를 끝내고 온 게 아니라 온라인 수업도 도와줘야 했습니다. 시간에 쫓겨 허덕이는 날들이 빼곡히 쌓여갔어요. 그러다 어느 순간 이렇게 쉴 틈 없는 일상이 억울하다는 생각이 들었습니다. 억울하다니! 모두 자발적으로 선택한 일들인데 말이죠. 내가 원해서 시작한 그 모든 일에 당위와 압박만 남고 나는 사라진 느낌이 들었어요. 그래서 지금 뭘 하며 살고 있는지 제대로 들여다 보고 싶어졌어요. 하루를 무심히 흘려보내지 않고 순간순간 주의를 기울이며 살아낸다면 어떨까. 내가 지금 이 일을 왜 하고 있는지, 무엇을 하고 있는지 알아차릴 수 있다면 아무리 바쁘고 힘들어도 일상을 사랑할 수 있을 것 같았어요.

그래서 하루에 한 번, 일상을 멈추는 시간을 만들었어요. 가끔 하고 있던 일에서 눈을 떼고 창밖을 보려고 해요. 지금이 하루 중 어느 때인지, 나는 무엇을 보고 느끼고 있는지 관찰자의 시선으로 나를 들여다 보면 그 순간의 나를 좀 더 잘 알아차릴 수 있게 돼요.

무엇보다 욕심을 내려놓으려고 노력하고 있어요. 아내, 엄마, 연구원…. 내가 맡은 모든 역할을 완벽히 잘해내려고 하면 나를 지킬 수 없다는 걸 알았어요. 그건 마치 양손 가득 짐을 든 채 자전거를 타는 사람에게 왜 똑바로 타지 못하고 비틀거리냐고 타박하는 것과 마찬가지였어요. 자전거의 균형을 잡는 것이 먼저였어요. 양손의 짐을 줄이더라도 말이에요. 몸과 마음을 돌볼 수 있는 여백을 먼저 만들어놓고, 그 나머지 시간에 주어진 역할에 최선을 다해야 한다는 걸 워킹맘 10년 차에야 비로소 깨달아요. 이 우선순위를 지킬 때 평정심을 잃지 않고 충만감 속에서 지낼 수 있는 것 같아요.

힘들고 지칠 때 어떻게 리프레시하나요?
혹은 힘든 하루를 무사히 넘기는 나만의 방법이 있나요?

일단 남편에게 볼멘소리로 털어놓습니다. 남편이 받아줄 여력이 없거나 반응이 시원찮은 날은 무작정 글을 씁니다. 글을 완성하는 날도 있고, 쓰다가 포기하는 날도 있지요. 얽히고설켜 정돈되지 않은 마음을 글로 옮기다 보면 내가 이렇게까지 힘들어하는 이유가 어렴풋하게나마 만져집니다. 내 마음 깊은 곳에 숨은 욕구를 발견하기도 하고, 내 감정을 좀 더 선명히 보게 되는 날도 있어요. 그 과정에서 위로를 받습니다.

마음이라는 게 몸이 단련되면 함께 단단해지는 법인지, 대부분의 무거운 마음은 푹 자고 일어나 운동을 하고 나면 어느 정도 가라앉는 것 같기도 합니다.

재택근무하면서 일, 살림, 육아의 균형을 맞추기 어렵겠어요.
어떤가요? 비결이 있나요?

잠비아에 와서 본격적으로 재택근무를 시작하면서 혼돈의 시간을 보냈답니다. 특히 아이들이 집에서 온라인 수업을 할 때나 방학 기간은 일, 살림, 육아의 균형을 잡는 것이 고통스럽게까지 느껴졌어요. 그 괴로움의 가장 큰 원인은 일과 육아를 모두 잘해내려는 내 욕심에 있었어요. 육아 때문에 일의 완성도를 떨어뜨리고 싶지도 않고, 일 때문에 아이에게 소홀하지 않는 '좋은 엄마'가 되고 싶기도 했지요. 그나마 다행인 건 살림은 애초부터 어느 정도 포기했다는 점이랄까요. 할 줄 아는 몇 가지 요리로 돌려 먹는 밥상이나 정돈되지 않은 집에 대해서는 불편한 감정을 그다지 느끼지 못하거든요. 그럼에도 제 안에는 여러 자아가 있어서 일할 때는 아이들을 챙기지 못해 미안한 엄마 자아가 '뭣이 중허냐'고 저를 닦달하기도 하고, 아이들을 돌볼 때는 마무리하지 못한 일이 떠올라 연구원 자아가 괴로워했어요. 제가 힘들었던 건 그러한 제 안의 '내적 갈등'이었던 것 같아요.

처음에는 근무시간 동안 서재 문에 '출입 금지' 딱지를 붙여놓고, 엄마가 필요하더라도 엄마 업무가 끝나는 시간까지 기다려달라고 아이들에게 요청했어요. 그리고 근무 종료 시간이 되면 업무가 덜 끝나도 컴퓨터를 끄고 그 방에서 나왔지요. 그러면서 어느 정도 연구원 자아와 엄마 자아가 분리되는 듯했어요. 하지만 육아라는 것이, 일정한 시간 안에 욱여넣는다고 가둬지는 게 아니어서 근무시간 중에도 아이가 다쳐서 울기도 하고, 점심시간이 되기도 전에 배가 고프다고 보채기도 하고, 자매들의 분쟁을 중재해야 하는 순간이 오기도 하더라고요.

요즘은 제 마음의 방문을 닫는 게 중요하다는 걸 새롭게 깨닫고 있어요. 아이들이 도움을 요청할 때는 연구원 자아의 방 스위치를 내리고 아이에게 온전히 집중하려 해요. 그리고 제가 정한 업무를 끝낼 때까지는 아이들에게 양해를 구하고 노트북 속으로 들어갑니다. 그때는 엄마 자아의 방문을 꼭 닫는 시간이에요. 그것은 지금 아이들에게 어떤 도움을 줘야 하는지 빤히 보이더라도, 명백하게 훈육이 필요한 타이밍이더라도, 아이가 이거 하나만 딱 해결해달라고 보채더라도 눈 질끈 감고 무시한다는 의미예요. 그 시간만큼은 아이에게 '소홀한 엄마'가 되기로 자처하는 거죠. '좋은 엄마'이기를 포기하기 힘든 저에게는 아주 어려운 과제였답니다.

어쩌면 모든 역할을 다 잘 해내고픈 조바심이 균형을 잃게 만드는 것 같아요. 내게 주어진 여러 가지 역할에 최선을 다하는 게 아니라, 주어진 시간에 내가 할 수 있는 '만큼'만 최선을 다한다고 마음먹어야 저 자신에게 조금은 더 관대해지는 것 같아요. 하루에도 여러 번, 아직 다 끝내지 못한 일 때문에 조급해지는 마음을 제자리로 갖다놓으려 해요. '지금 내 눈앞에 있는 일에 마음을 쏟는 것만으로도 충분히 많은 일을 하고 있다'고 다독이면서요. 자신에게 너그러워질수록 내가 돌보는 사람과 일에 더 관대해질 수 있을 거예요.

하루 중 가족이 다 함께하는 시간은 언제인가요?

저희 집은 저녁 식사를 두 시간 가까이 해요. 아이들은 놀이를, 저는 일을 정리하고, 남편은 저녁 준비라는 마지막 과업을 마친 후 식탁에 둘러앉아 하루를 마무리하죠. 제가 유일하게 시간 압박 없이 푹 쉬는 시간이기도 해요. 식사는 10분 만에 끝나지만 빈 그릇을 치우지도 않고 눌러앉아 그날 직장이나 학교에서 있었던 일을 이야기해요. 아이들은 날마다 이야기보따리를 두 손 가득 안고 식탁으로 옵니다. 반 친구의 새 귀걸이부터 체육 시간에 들은 선생님의 칭찬 한마디, 우연히 복도에서 마주친 아는 동생 이야기까지 모든 주제를 진심을 다해 전합니다. 경쟁적으로 이야기를 쏟아내다가 말할 타이밍을 놓친 누군가가 토라지는 사태가 생기기도 해요. 제가 인터넷 기사로 접한 한국 소식을 공유하기도 하고, 남편은 우리가 모르는 잠비아의 사회적 상황을 들려줄 때도 있어요. 스마트폰을 가운데 두고 옹기종기 모여 동물 '짤'이나 한국에서 핫한 예능 프로그램 영상을 보고 깔깔거리기도 합니다.

질문을 받고 생각해보니 숟가락을 내려놓자마자 서둘러 일어났던 한국에서의 저녁 식사 시간이 떠올랐어요. 오히려 이야깃거리는 더 많았을 텐데도 혼자 쉬고 싶어서, 더 재미있는 일이 있어서 식사 후 각자의 세계로 흩어지기 바빴던 것 같아요. 특별히 할 만한 일이 없는 아프리카의 긴 저녁, 가족을 크게 벗어나지 않는 제한된 관계…. 이러한 결핍이 두 시간이라는 식사 시간을 만들어주었어요. 그럼에도 식사에 대한 관점이 바뀌게 된 계기는 있답니다.

몇년 전 호주의 브루더호프(초대교회 정신을 실천하기 위해 공동생활을 하는 신앙 공동체)를 방문한 적이 있어요. 한 달여 함께 생활하며 그분들의 삶을 배웠는데, 가장 인상 깊었던 장면 중 하나는 식사 시간이었어요. 때를 알리는 종이 울리면 각자의 일터와 배움터에서 하던 일을 멈추고 기다란 식탁에 둘러앉습니다. 진행을 맡은 사람이 식사 전에 짧은 동화를 읽어주거나 바깥 소식을 전해요. 어떤 날은 어린아이부터 할머니까지 다 같이 한목소리로 노래를 부르거나 누군가가 악기를 연주해주기도 해요. 주말이면 외롭거나 힘들어 보이는 이웃을 불러 함께 식사를 하며 위로하고, 매달 한 번은 낯 모르는 소외된 이들을 초대해서 음식을 나누고 식탁 혹은 야외에서 게임을 하며 보냅니다. 식사가 배고픔을 해결하기 위해 음식을 먹는 행위 이상의 '감사의 축제'이자 '환대의 축제'일 수 있다는 사실이 충격적으로 다가왔어요.

그때부터 우리 가족의 식사 시간도 음식뿐 아니라 삶을 나누는 시간으로 자리 잡았으면 좋겠다는 소망이 생겼습니다. 그래서 오늘도 식탁에서 열심히 가족에게, 이웃에게 말을 걸고 있습니다.

감정 일기 쓰기를 권합니다

블로그 blog.naver.com/hello_kirin
인스타그램 @kirin_here

저에게 글쓰기는 되도록이면 피하고 싶은 일 중 하나였어요. 글쓰는 일이 몹시 지루하게 느껴졌거든요. 글을 쓰기 시작하면 금방 산만해져 스마트폰을 만지작거리거나 웹서핑의 세계에 빠지곤 했죠. 한 단락을 완성하는데도 어마어마한 공을 쌓아야 했어요. 하지만 지금은 육아 스트레스가 많아 엄마로서의 무능감과 죄책감에 시달리는 친구에게, 그리고 최근 들어 우울한 감정과 씨름하는 동생에게 감정 일기를 써보라고 권하고 있네요.

저 역시 감정적으로 금방 소진되고 또 쉽게 불안정해지곤 하던 사람이라 매일 저녁 표정이 다르고 정서 상태가 바뀌었어요. 어느 날 기도하기조차 힘들어 기도하듯 글을 썼는데, 글을 쓰는 동안 심란하고 요동치던 마음이 잔잔해지고 이대로도 괜찮다는, 혹은 괜찮아질 거라는 따뜻한 희망 같은 게 생기는 게 아니겠어요.

글쓰기의 마법에 매료된 건 그때부터였어요. 스스로 인식하지 못하던 감정을 알아차리고, 그 감정이 어떤 욕구에서 비롯되는지까지 깨달을 수 있다는 점에서 상담과도 닮았더라고요. 실제로 글쓰기로 치료를 하는 상담 기법도 있고, 자신의 깊은 감정을 꾸준히 쓴 사람은 불안이나 우울 같은 정서 문제가 줄어든다는 연구 결과도 있답니다.

노하우까지는 아니지만 감정 일기를 어떻게 쓰고 있는지 소개해 드릴까 해요. 제가 생각하는 감정 일기의 가장 큰 전제는 '마음이

글쓰기를 통해 스스로 인식하지 못하던 감정을 알아차릴 수 있어요.

지치고 힘들다면, 분명히 그 이유가 있다'는 거예요. 빨리 결정해야 하는데 미뤄둔 일이 있다거나, 상대의 말투가 묘하게 무시하는 듯했다거나, 말실수를 한 것 같아 후회된다거나, 어려운 분과 만날 약속을 앞두고 있다거나 하는 일들이요.

하지만 그 이유가 쉽게 떠오르지 않아요. 그래서 일단은 '지금 왜 이렇게 힘들지?', '아, 기운 없다', '짜증이 난다' 같은 정제되지 않은 문장으로 툭 내뱉듯 시작해요. 그리고 영상을 되감듯 아침부터 지금까지의 하루를 쭉 스캔해봐요. 그러다 보면 툭, 하고 걸리는 순간이 있어요. 마음이 쨍 시려오는 순간, 마주하고 싶지 않아

빨리 감기 해버리고 싶은 순간이요. 겨우 용기 내서 한 부탁을 상대가 거절한 순간, 아이들에게 버럭 화를 낸 순간, 실망하는 상사의 표정을 본 순간, 영어를 못 알아들어 엉뚱한 대답을 했던 순간은 떠올리는 것조차 고통스러워 도망가고 싶어져요. 심호흡을 하고 그 순간에 잠시 머물러보세요.

사실 마주하기 힘들수록 가만히 들여다보기가 힘들어요. 저는 특히 엄마와 관련된 일일 경우 이를 다루기가 쉽지 않아요. 그래서 글을 씁니다. '오늘 오후의 일이었다. 엄마에게 전화가 왔다.' 초등학생 때 많이 했던 육하원칙 하에 일기를 쓰는 것처럼요. 누가, 언제, 무엇을, 어떻게…. 드라마 시나리오 쓰듯 최대한 그 상황을 구체적으로 씁니다. 그리고 사이사이에 상대의 감정을 추측해 집어넣습니다. '동생네에 머물고 계신 엄마가 오늘 집에 내려가고 싶다고 했다. 엄마가 동생네에 있기 불편할 만한 무슨 일이 있었던 걸까.'

그다음 제 마음과 연결 지어봅니다. '그 이야기를 들으니 걱정이 되기 시작했다. 엄마가 속상한 일이 있다고 하면 나는 왜 이렇게 마음이 복잡해지는 걸까.' 이때부터 객관적 상황 이면의 제 감정에 닿기 시작해요.

그리고 가능하다면 그 감정이 생기는 이유를 살펴봐요. '예전에도 엄마가 아빠 때문에 속상하다고 할 때 종일 마음이 무거웠다' 같은, 비슷한 감정이 생겼던 다른 경험을 써보거나, '고생하신 엄마의 노후는 시름 없이 행복했으면 좋겠나 보다', '나는 엄마를 아이처럼 보호하고 싶어하는 것은 아닐까' 처럼 그 감정이 들게 한 기대나 바람을 추측해보기도 해요. 정답은 없어요. 적었을 때 마음이 가벼워지고 시원해지는 문장이 있다면 그게 내 마음에 가까운 욕구일 거예요. 좀 더 나아간다면, 나의 욕구를 제삼자의 시선으로 관찰하고 집요하리만큼 구체적으로 질문해보는 거예요. '엄마는 과연 평생 고생만 하신 분인가', '시름 없이 행복하다는 건 어떤 걸까. 그리고 그게 가능한가', '엄마를 보호한다는 건 어떻게 한다는 거지? 엄마가 보호받으면 나는, 엄마는 행복할까'. 이런 질문을 생각나는 대로 던지고 나서 서술형 시험 문제를 받아든 심정으로 정성을 다해 답안을 써봅니다.

마음에 닻을 내리고 성실하게 써 내려간 만큼 내가 외면하고 싶었던 감정과 욕구에 좀 더 진실해지고, 또 그만큼 마음이 가벼워지고 정돈됩니다. 완결하지 않아도 괜찮고, 다음 날 이어 적어도 좋아요. 그렇게 조금씩 나를 사로잡는 감정에서 자유로워지는 연습을 해 보시길 바랍니다.

181

그동안 어떻게 지내셨나요?

이소영

그 사이 두 아이 모두 초등학생이 되었습니다. 자연에서 아이들과 함께한 시간의 퇴적물로 단독 저서 〈엄마표 발도르프 자연육아(씽크스마트)〉를 출간했습니다. 올해는 직장 생활을 잠시 쉬고 아이들의 유년기를 밀도 있게 만나고 있어요.

저의 가치와 경험치를 다른 엄마들과 나누기 위해 온라인을 기반으로 한 독서모임, 발도르프 한글&수놀이 프로젝트, 새벽루틴 모임 등을 진행하고 있습니다.

새벽에 일어나 가장 중요한 원씽(최근에는 글쓰기)을 하고 아이들이 학교에 있는 9 to 3에는 1인 기업의 대표로 변신하여 저의 일을 합니다. 3 to 9에는 아이들과 진하게 노는 퀄리티 타임으로 하루를 보내고 있어요. 삶은 보다 단순해졌는데 나다움에 더욱 집중할 수 있어 뿌듯하고 행복합니다.

박연주

책에 반복되는 일과에서 일부러라도 쉼표를 찾아 감각을 깨우는 이야기를 썼었는데요. 그렇게 나를 돌보는 시간을 마련한 덕분에 나의 방향과 속도를 존중하는 일상을 보내고 있습니다. 육아와 회사 일을 병행하면서 공간, 시간을 스스로 선택하며 일하는 삶을 바라게 되었고, 긴 고민 끝에 퇴사를 결심하고 행동으로 옮겼어요. 익숙한 환경을 떠나는 것이 쉽지 않았지만, 더 늦기 전에 새로운 도전을 해보고 싶었습니다.

지금은 중국어 프리랜서 통·번역사로 일하며 한자 이야기를 연구, 교육, 전시하는 한자 큐레이터라는 길을 만들어가고 있습니다. 온라인에서 일상인문학공간인 달빛서당을 운영하며 여러 학인들과 동양고전을 읽고 사색하는 문화를 가꿔가고 있어요. 여전히 식탁에서 글을 읽고 쓰며, 매일 타던 광역버스 대신 자전거를 타고 동네를 산책하면서 기쁨을 느낍니다.

이지영

꾸준히 글을 썼어요. 여전히 풀타임 워킹맘으로 생업을 유지하고 있고요. 다만 한 가지 차이가 있다면 소설 쓰기에 도전했다는 점입니다.

잠든 아이 곁에서 밤마다 글을 읽고 쓰며 글집을 튼튼히 지은 덕분일까요. 얼마 지나지 않아 소설로 첫 수상 소식을 들었습니다. 더불어 문화재단 공모사업 선정 소설 「보험 아닌 보험」이 오디오북으로 출시되고 몇 달 연속 베스트셀러에 올랐습니다.

문득 쉼 없이 걸어온 이 길이 누군가에게는 이정표가 될 수도 있겠다는 생각이 들더라고요. 채무 아닌 책무감으로 수년간 오롯이 글쓰기에 몰입했던 마음, 그 덕분에 문학의 세계에 가닿을 수 있었던 여정을 고스란히 녹여 eBook 〈에세이 테라피(Essay Therapy)〉를 출간했습니다.

임순미

그동안 내가 원하는 모습이 무엇인지 계속 고민했어요. 한 발짝 뒤로 물러서서 원근감 있게 삶을 바라보는 연습을 통해 새로운 페이지를 만들어가고 있습니다. 아이들이 자기 빛깔대로 살아가길 원해 홈스쿨을 시작했고 저는 홈스쿨 맘이 되었어요. 지금은 삼시 세끼 밥을 챙기고 아이들과 함께 느리게 걸으면서 그동안 보지 못했던 것들을 발견하며 지내고 있습니다. 하루 대부분의 시간이 아이들을 돌보는 시간으로 바뀌었지만, 더 다양한 이야기가 펼쳐지는 지금이 참 좋습니다. 그럼에도 나를 위한 재미난 작당을 만들어가기 위해 틈틈이 책을 읽고 영화를 보고 블로그에 글을 적으며 생활하고 있어요.

황규리

첫째가 벌써 중학생이 되었어요. 중1, 초5, 초2 아이들과 함께 생활하는 엄마의 시간은 훨씬 자유롭더군요. 덕분에 집 밖으로 나가는 제 걸음의 반경이 점점 넓어지고 길어졌습니다. 경제적인 부분에서 남편의 지원을 받다가 '이제는 나도 돈을 벌어서 경제적인 독립을 이루고 싶다'는 의욕이 생겼습니다.

그즈음 지인에게 '뷰티 카운셀러'라는 일을 추천받았어요. 징검다리를 건너는 마음으로 용기를 내어 아모레퍼시픽의 화장품과 건강기능식품을 판매하는 1인 사업가가 된지 얼마 되지 않았습니다.

카운셀러, 엄마, 작가 등 여러가지 일을 소화하는 'N잡러'가 되어 매일 아침이 전쟁통이고, 저녁이 되어서야 숨 고르기를 하는 하루입니다. 그래도 주부이자 작가로 살고 싶은 정체성은 유지하려고 노력하고 있어요.

나를 일으켜준 홈트와 글쓰기를 놓지 않기 위해 주 2회 필라테스

센터에 나가고, 독서 모임에 참석합니다. 나를 돌보는 것이 가장 중요하다는 것을 다행히 잊지 않고 살고 있습니다.

이승연

 단독 저서 〈사서 엄마가 알려주는 집콕 책육아(예문아카이브)〉가 출간되어 책을 홍보하고 강연을 다니며 새로운 도전을 하던 시간이었습니다. 사람들 앞에서 말할 때 목까지 빨개지는 저로서는 북토크며 부모 강연을 할때마다 큰 용기가 필요했어요.

 그렇게 매일매일 열정과 긴장 속에서 달리다 보니 어느 순간에 갑자기 손가락 사이로 모래가 빠져나가듯 그동안 가득 차 있던 에너지가 슬그머니 줄어들기도 했는데요. 그때마다 매일의 루틴이 제게 큰 힘을 주었어요. 불확실성 속에서 계속 나아가기 위해서 매일 새벽 눈뜨면 물 한컵을 마시고 일기를 썼어요. 용기가 필요한 날에는 확언의 일기를, 힘든 일이 생겼을 땐 그 반대편을 생각하며 감사일기를, 희미한 일상을 붙잡기 위해서는 다짐의 문장들을 썼습니다. 그러고 보니 여전히 나를 돌보는 다정한 시간을 보내고 있었네요.

안수희

그동안 글을 쓸 때 가장 나다움을 느끼는 사람이라는 걸 선명하게 느낀 시간이었습니다. 끝까지 쓰는 사람으로 남고 싶은 건, 쓰기가 꿈을 지펴주는 강력한 불씨와도 같아서 그런가 봅니다.

여전히 두 아이를 키우면서 시간의 결핍을 마주하지만, 삶의 부족함을 안고 지금은 저의 에세이를 출판사에 투고하고 있어요. 버츄프로젝트로 초, 중, 고등학교에서 꾸준히 진로 인성 교육을 하고 있습니다.

그리고 빼놓을 수 없는 제가 가장 애정하는 대상이 있어요. 바로 양육을 하는 여성이죠. '타인의 시선에서 벗어나 진정한 나로 살아가기 위한 엄마들의 마음코칭'을 계속하고 싶습니다.

잊지 말고 기억했으면 좋겠어요. 앞길이 막막하고 하루하루를 어떻게 살아갈지 답답한 시절을 보내고 있다면, 당신에게 가장 중요한 일을 했으면 좋겠어요. 그 시간 너머에 빛나는 선물이 찾아올 테니까요

서현정

글이 사람을 움직이는 힘이 있다고 느꼈어요. '나돌다'를 계기로 쓰는 맛을 알았지요. 그간 공저 작가로 참여해 세 권의 책을 출간했으니 쓰는데 에너지를 쏟았던 시간이었습니다.

한 가지 더 꼽자면 그림책이 아이와 어른의 마음도 바꿀 수 있다는 사실을 깊이 알아가는 시간이었어요. 그림책 심리를 공부하면서 그림책을 읽고 느낀 나만의 이야기를 글로 쓰고 싶었지요. 덕분에 막내와 그림책을 읽으며 함께 웃고 울었어요. 그림책 속의 그림과 이야기를 제가 살아온 삶의 추억과 결합해 써내려간 글로 그림책 에세이 〈그림책으로 내 삶을 에세이하다(윤슬그림책발전소)〉를 출간했습니다.

엄마로서 육아의 길은 끝이 없어요. 아직도 아이와 15초 꼭 안고 있기는 실천 중이에요. 예전에는 제가 먼저 다가갔다면 요즘에는 아이들이 먼저 안아요. 그 안에 흐르는 충만한 감정을 여러분도 함께 느끼시길 바랍니다.

서정금

2년여의 제주 생활로 내 안의 자유로움이 깨어나서일까요? 학교라는 곳이 갑갑하게 느껴졌습니다. 15년을 근무한 국공립 유치원 교사라는 직함을 내려놓았습니다.

현재는 경기 남부 지역의 지사장을 겸임하며 독서코칭학원을 운영하고 있습니다. 막연하게 목표로 써 둔 '경력단절여성에게 새로운 일자리를 주고 싶다'는 소망이 생각보다 빨리 이루어졌네요.

공무원에서 사업가로 삶이 바뀌는 동안 여러가지 힘든 시간들이 있었지만 조바심 내지 않고 잘 해결해나가는 중입니다.

여전히 책을 읽고 글을 쓰고 운동하기를 게을리하지 않기 위해 노력합니다.

이지안

출간 이후, 글을 더 진솔하게 잘 써보고 싶었습니다. 이끌리듯 글쓰기 모임에 참여하여 그 인연으로 〈세상의 모든 문화〉라는 뉴스레터에 글을 기고하면서, 심리 에세이 단행본과 또 다른 공저책을

준비하고 있습니다.

한동안 멈췄던 상담도 다시 시작했습니다. 글쓰기와 상담은 한 사람의 마음을 내밀하게 들여다보며 숙고한다는 면에서 그리고 이를 통해 스스로의 힘을 발견한다는 점에서 닮아 있습니다. 자신을 알아차린 내담자의 반짝이는 눈빛을 볼 때 제 마음도 기쁨이 가득 차오르곤 합니다. 삶의 경계를 넓혀가는 시절 끝에, 저와 타인에게 좀 더 사려 깊고 다정한 사람이 되어 있으면 좋겠습니다.

나를 돌보는 다정한 시간

초판 발행 2021년 11월 9일
개정판 발행 2023년 06월 14일

지은이 박연주, 서정금, 서현정, 안수희, 이소영, 이승연, 이지안, 이지영, 임순미, 황규리
편집 유지연
디자인 woodysoap

펴낸곳 우디앤마마
출판등록 제2021-000086호
주소 서울 서대문구 독립문로 14길 52 A동 101호
전자우편 woodyandmama@naver.com
전화번호 02-313-2032

ISBN 979-11-976211-8-5

이 책의 판권은 지은이와 우디앤마마에 있습니다.
이 책 내용의 전부 또는 일부를 재사용하려면 반드시 동의를 받아야 합니다.
교환 문의 woodyandmama@naver.com